오동나무와의 약속

백규 조규익 수필집

오동나무와의 약속

백규 조규익 수필집

인터북스

차례

나는 자유인이다!

산골 마을의 '자연인' 백규는 바깥세상과 소통하고 싶다. 일방적으로 던지는 메시지 말고 서로 믿음을 통하는 행위 말이다. 믿음을 통하려면 코드가 맞아야 하는데, 산골 마을과 바깥 세계의 코드는 다르다. 그래서 답답하다.

에코팜의 공간을 채우는 무수한 새들과 잡초들. 그들은 자유혼의 상징이다. 구만리 장천을 날아오르며 굴하지 않는 패기를 보여준 한두 마리 참새인들 어찌 없었을까? 천 길 땅속으로 뿌리를 내리며 대지의 영혼을 빨아들이고자 애쓴 한두 줄기의 잡초 또한 어찌 없었을까? 태양을 향해 날아오르다 염열炎熱에 바지직 타버린 가여운 참새와 마그마의 샘 가까이 뻗어 내려가다 익어버린 가녀린 잡초의 정신이 부활하는 어름에서 에코팜 정신은 태어났으니(...).

어릴 적 나는 늘 새 떼와 다퉜다. 콩밭이나 김장 채소밭 등에서 수시로 파수를 서야 했다. 그때마다 나는 책 한 권 들고 밭머리와 논둑에 앉아 책장과 논밭을 번갈아 보며 새들과 교감했다. 이 나이가 되니 그 추억은 자유에 대한 갈망의 한 장이었음을 깨닫는다. 그 갈망이 에코 팜 정신으로 환생한 것이다.

　나는 에코팜의 일개 주민이다. 새 떼와 잡초들 사이에서 내 존재는 우월하지 않다. 그들이 나인지 내가 그들인지 구분할 수 없기 때문이다. 날아 왔다 사라지곤 하는 새들, 자라나 꽃을 피우다가 모습을 감추곤 하는 잡초들. 그들과 나는 한 골짜기의 공기와 물을 공유한다. 한 생을 살아가는 참새나 잡초들도 나와 비슷한 추억 혹은 삶의 길이를 갖고 있으리라. 참새와 잡초들이 나를 에워싼 채 응원을 보내고 있다는 믿음. 수필이란 명목 아래 부끄럼 없이 옛날의 추억과 지금의 일들을 바탕으로 미래를 이야기하려는 이유도 거기에 있다. 그래서 나는 자유인이다!

2025년 늦가을
에코팜 주민 백규

제1부

일사일언一事一言

공간을 넘어 공감으로

  서울을 떠나던 날 절친에게 문자를 날렸다. '40년 애증의 공간 서울을 탈출하네. 방금 노마드의 천막을 걷어 나귀 등에 실었네. 에코팜에 이 천막을 둘러치고 잔명을 즐기다 그마저 해져 흙으로 돌아가면, 어렵사리 지탱해 온 이 몸도 한 숟갈 거름 되어 대지 깊숙이 스며들고자 하네. 아듀~!'

  젊은 시절엔 삶의 공간들을 제법 옮겨 다녔다. 마지막 공간을 정하기까지 20여 년. 끝없는 모색과 고민의 세월이었다. 서울과 지방의 비가역적非可逆的 위계화位階化로 한 걸음 들어가면 내면이 복잡하여 미래가 걱정되는 우리나라다. 사회·정치·경제의 갈등 구조가 복잡하기 때문이다.

  현직 시절, 매년 학생들과 현장 학술답사를 다니는 동안 '반半풍수'가 되었고, 자연스레 삶의 공간에 관한 참고서도 따라왔다. '가거지可居地'를 알려준 18세기 실학자 이중환(李重煥, 1690~1752). 그의 『택리지擇里志』는 요긴한 가이드였다. 그가 제시한 '지리地理·생리生利·인심人心·산수山水'는 지금도 꼭 들어맞는 조건들이다. 오늘날 반풍수들은 지리와 산수를 따지지만, 먹거리와 사람들의 마음까지 헤아려야 한다고 본 『택리지』의 담론은 탁월하다. 그간 풍수 좋은 공간의 전원주택단지들을 여러 곳 둘러보았으나, 빈 곳이 적지 않았던 이유는 뭘까. 마땅한 생산수단이 없으니 인심 넉넉할 리 없고, 텅 빈 마을에 누군들 들어가랴. 『택리지』 가르침 따라 인심 좋은 산골 마을 한복판에 자리 잡으니, 이처럼 마음 절로 넉넉해지는 것을!

　이사 후 서울의 그 친구가 찾아왔다. 간혹 노인들 한두 분이 보행기에 의지하여 가쁜 숨을 몰아쉬며 다니는 마을. 그날따라 아무도 보이지 않고, 숲새 한 마리 울지 않았다. '도 닦으러 내려온 겨~?' 친구의 물음에 답하지 않았다. 서울이 살기 편하지만 나쁜 점도 많다는 그의 말에 전원이 불편하나 좋은 점도 있다고 응수했다. 역사와 전통, 자유와 편의에 대한 확신을 가져야 공간에 대한 애착이 생기는데, 서울의 친구는 친구대로 전원의 나는 나대로 '지속 가능한 행복'을 확신하지 못했다. '우리 시대의 불안은 공간과 관련되며, 그 공간들 사이의 상호 연결성과 관계가 중요하다'는 프랑스 철학자 미셸 푸코(1926~1984)의 생각이 정확함을 새삼 깨닫는 요즈음이다.🍵

오동나무와의 약속

전원에 집을 짓고 나자, 어디선가 오동나무 씨앗이 날아와 싹이 텄다. 작고 여리던 싹이 어느덧 주변의 초목들을 까마득히 내려다볼 만큼 커졌고, 동네의 명물이 되었다. 그를 유심히 관찰하며, 그의 곁에 갈 때마다 어루만지거나 말을 걸어본다. '네가 늙어 혼자 서 있기 어려워질 때쯤 네 몸을 잘라 시집가는 손녀의 장롱을 만들어 주었으면 하는데, 괜찮지?'라고 물어보자, 온몸에 청각 신경이라도 분포되어 있기라도 한 듯 즉각 알아들은 그는 내게 반응을 한다. 넓게 퍼진 가지들이 바람의 힘으로 움직이며 '그러엄, 기쁘게 내 몸을 내어줄게'라고 대답하곤 한다.

이곳에 모여 있는 동물과 식물들은 각자의 삶을 살지만, '미리 의도하지 않은' 조화를 이룬다. 그 조화는 소통을 전제로 하고 자연물들 사이의 소통은 공감을 전제로 한다. 매일 닭장의 틈새로 들어와 모이를 훔쳐 먹는 참새들은 내 눈치를 살피고 마음을 떠보기까지 한다. 녀석들의 움직임을 엿보고 사진이라도 남길 요량으로 창문의 블라인드를 살그머니 올릴라치면, 그걸 어떻게 감지했는지 물 쏟아져 나오듯 닭장 밖으로 내빼곤 한다. 그러다가 잠시 후 별일 없다고 생각되면 다시 닭장 안으로 몰려 들어간다.

익어가는 감들을 '아작내는' 어치들도, 밤나무에 구멍을 내느라 바쁜 딱따구리들도, 떼로 몰려다니며 이웃 마을 동족들과 소통하기 바쁜 까마귀와 까치들도, 모두 이곳 생활권의 내 동거자들이다. 대부분 나보다 먼저 이곳에 정착한 그들이다. 내가 그들을 매 순간 관찰하듯 그들 또한 내 삶을 관찰해 왔음을 최근 깨닫게 되었다. 바람에 날려 헤매다가 우연히 이곳에 정착한 오동나무 씨앗이나 노마드의 유랑을 마치고 이곳으로 들어온 내 처지가 다를 이유는 없다.

인간이 자연을 지배하겠다는 '반反 생태적' 의식. 그것은 인간에 의한 인간의 지배에 뿌리를 둔 욕망일 뿐이다. 계급이나 위계질서의 존재는 지배와 복종을 야기하고 세계를 착취의 대상으로 사물화한다고 했다. 생태학자 머리 북친(Murray Bookchin)의 주장이다. 지배로부터 자유롭지 못한 사회에서 생태적 행복을 누릴 수는 없다. 자연과 내가 하나이거나 평등하다는 생각은 자연물들과의 공존으로 이어지는 약속이다. 선한 약속은 기적을 낳고, 기적은 우리의 삶을 바꾼다.

조경주독야몽朝耕畫讀夜夢

원나라 학자 정옥鄭玉은 포심鮑深이란 인물을 위해 「경독당기耕讀堂記」를 쓰면서, '밭을 갈아 부모를 봉양하고 글을 읽어 몸을 닦으니 마을 사람들 모두 밭 가는 데 힘을 다하고 모두 따라 글 읽는 공이 있으므로, 사람들의 마음이 저절로 도타워지고 풍속이 순후해졌다'고 칭찬했다.

은퇴 후 귀농 4년 차. 도전적인 문제들에 직면하여 헤매는 중이다. 난제들 가운데 으뜸이 '익혀야 할' 신농법新農法이다. 두엄과 비료를 골고루 편 다음 기계로 땅을 깊이 갈고 이랑을 만든다. 제초제를 듬뿍 뿌리고 씨앗을 파종한 뒤 비닐을 씌우거나 비닐을 먼저 씌운 뒤 일정 간격으로 구멍을 뚫어 모종을 심는다. 그 뒤부터 가만히 밭두둑과 이랑들을 노려보다가 풀싹 한두 개라도 머리를 내밀라치면 깜짝 놀라 제초제 통을 메고 밭으로 씩씩하게 나간다. 작물에 닿지 않도록 분무기의 깔때기를 잡초에 대고는 사정없이 뿜어댄다. 그러니 밭 구석구석 풀 한 포기 구경할 수 없을 만큼 말끔하다. 그게 농작물로 수익을 올려야 하는 이곳의 '신농법'이다.

그들과 달리 여건을 제대로 갖추지 못한 나는 '구농법舊農法'을 고수한다. 일명 '화전농법'. 원조 화전농법처럼 초목을 불태우는 대신 나는 뽑아 버린다. 당연히 씨를 파종하거나 모종을 심은 지 얼마 안 되어 예전의 풀밭으로 돌아간다. 그러니 내 방식으로는 곡식 한 톨, 채소 한 잎 얻기 어렵다. 몸에 익지 않은 화전농법으로 농사를 망치고도 당당한(?) 것은 동네 사람들의 농법이 그리 탐탁지 않아 보여서다. 제초제와 농약에 전적으로 의존하는 것이 꺼림직하기 때문이다.

아침 일찍 해뜨기 전 밭에 나와 풀과 씨름하는 것이 내 활동의 8할이다. 나머지 2할은 화전식 개간과 씨 뿌리기다. 옛날의 '주경야독'에서 '주경'의 범주에 해당하는 노동은 '땅파기-씨 뿌리기-풀 뽑기'인데, 그걸 전부 손으로 하려니, 고역이다. 그래서 해 뜨기 전 그날 일을 해치우는 방식을 쓴다. 옛사람들의 '주경晝耕'이 '조경朝耕'으로 바뀐 것. 뜨거운 한낮엔 책을 보거나 글을 쓰니 '주독晝讀'이고, 밤엔 잠을 자야 하니 '야몽夜夢'이다.

자연생태에 반하여 이곳에 들어와서 구농법을 강변하며 원주민들로부터 꾸중이나 듣고 있으니 마을 사람들에게 모범을 보인 그 옛날 포심과는 정반대인 셈이다. 모름지기 전원의 주민으로 함께 살려면 '주경'이든 '야독'이든 겸허히 배우는 자세로 그들과 하나가 되어야 할 텐데, 걱정이다.

서울 개와 시골 개

　반려견 '초코'와 함께 돌아온 전원. 서울에서는 그와 함께 매일 아파트 주변을 산책했고, 이곳 전원에서는 냇물 소리 들리는 샛길을 즐겁게 걸었다. 그는 길가의 풀숲에 머리를 처박고 스쳐 간 동물들의 자취를 탐색하며 대소변도 자유롭게 해결하곤 했다. 초코 떠난 뒤 마을 강아지 한 마리를 입양하여 '후추'라는 이름을 붙여주었다. 밥·집·산책로 등을 떠나간 초코에게 물려받은 그는 우리와 삶의 여건들을 공유하는 중이다.

　후추와 산책할 때마다 동네 어른들을 만난다. 늘 '운동 가세요?'란 인사말을 건네는 그들. 그들 눈엔 사람만 보일 뿐 함께 걷는 개는 관심 밖이다. 우리 명분은 '개 산책'이나, 이곳 어른들에겐 '사람 운동'이 우선이다. 늘 그런 인사말을 건네는 점에 의문을 갖고 이웃 개들을 관찰했다. 반 평 이내의 좁은 공간, 2m 내외의 짧은 목줄에 매여 지내는 참상이 보였다. 대부분 1년 동안 단 한 번도 주인과 산책하거나 잠시 풀려나는 자유도 누리지 못한 채 일생을 보내는 그들. 고령의 어른들이 개까지 끌고 다닐 수 없는 현실은 시골 개들에겐 일종의 불운이라 할 수 있을까. 개와 함께 걷는 우리에게 늘 '운동 가세요?'란 물음을 던지는 건 당연했다.

맛있는 음식이 많지만, 사람들 때문에 도망하기 바빠 먹지 못하는 서울보다 음식은 보잘것없어도 마음 편히 먹을 수 있는 시골이 낫다는 동물 우화가 '서울 쥐와 시골 쥐' 이야기다. 그와 달리, 서울 개는 매일 산책하고 집 안에서 사람과 함께 편히 지내지만 시골 개는 늘 매여 있고 집 밖의 우리에 갇혀 지내며 먹이도 부실하니, 개에겐 서울이 낫다. 풍요는 허울뿐이고 마음마저 불안한 서울 쥐와, 물질로는 초라하나 마음이 평안한 시골 쥐. 안락함과 풍요를 구가하는 서울 개와, 부자유와 빈곤에 고통당하는 시골 개. 서울과 시골의 입지나 처지에 따라 행·불행의 대비는 명료하고 정확하다.

세대별 인구가 골고루 섞여 복잡하지만 문명의 혜택과 생활의 편의를 누리는 서울 사람들에 비해, 자유로이 나다닐 수도 없고 생활 편의 또한 부실한 전원 노인들의 처지는 그대로 '서울 개/시골 개' 대비의 알레고리에 투영되어 있는 것 아닌가.☕

제 책 한 권 드려도 될까요?

　그동안 어쭙잖긴 하나 여러 권의 책들을 펴냈다. 존경하는 어른들, 학문의 빚을 진 선배들, 직장 동료들, 나를 찾아와 공부하는 제자들 (...). 한 번 책을 내면, 증정해야 할 대상이 많았다. 인세 조로 받는 부수로는 턱없이 모자라, 출판사에서 직접 구입한 책들도 부지기수다. 곱게 헌사를 써서 부치기도 하고 직접 건네는 작업 모두 고달프지만 가슴 뛰는 일이었다.

　책 욕심이 '땅처럼 두꺼워' 지방의 유명 중고 서점들을 순례하거나 고서 소장자들을 방문하던 일도 비일비재. 얼마 전까진 인터넷 상의 경매들에 간간이 참여하기도 했다. 그런 과정에서 못 볼 광경들을 목도했다. 정성스레 헌사를 써서 선배에게 드린 책, 아끼던 제자에게 건넨 책 등이 가끔 내 눈에 포착되었던 것. '내 헌사가 시퍼렇게 살아있는 책이야 버려질 리 없다'는 믿음이 무너지는 순간들이었다. 야속함과 창피함으로 몇 날 밤을 뒤척이곤 했다. 그런데 대체 그 책들은 어떻게 중고 서적상의 손에 들어갔을까.

　책이 범람하는 시대, 책이 짐인 세상이다. 이사를 해보면 책이 어떤 존재인지 알게 된다. 한 몸 건사하기에도 비좁은 아파트. 쓰레기장엔 날마다 우수수 책들이 버려진다. 저자 증정본들이 비싸게 팔린다니, 그들은 중고 서점의 이문利文을 위해 저자의 헌사가 적힌 페이지를 그나마 찢지 않고 버리는 선행(?)을 실천하는 걸까. 급기야 어엿한 대학들이 도서관에 소장 중인 책들을 무더기로 폐기 처분하는 '반문명 시대'가 도래했다. 그러니 개인이 갖고 있는 책들을 버리는 일쯤이야 무슨 대수랴.

　사람들은 책을 읽지 않고, 버려질 줄 알면서도 강호의 학인들은 끊임없이 책을 쓴다. 사이버 공간에 명멸하는 지식의 검불들을 몇 올 건져내곤 책을 읽었다고 떠벌리는 허풍선이들이 행세하는 세상이다. 그런 현실에서 자신의 책만 끝까지 소중하게 보관되길 바라는 건 과욕이다. AI 로봇이 등장하여 논문 작성까지 도와준다는 요즈음이니, 활자로 쓰인 종이책만 읽으라고 강요하는 풍토의 종말도 눈에 보듯 선하다. 그러니 책을 낸 뒤 책을 주고 싶은 대상에게 '당신에게 내 책을 한 권 줘도 되겠소?' 라고 정중하게 물어야 하는 분위기의 생소함마저 머지않아 익숙해질 것이다. 🪔

'K'에 대한 외국인들의 인식

　정확히 20년 전, 우리 부부는 유럽 역사·문화 답사의 대장정에 올라 6개월 동안 자동차를 몰고 20개국 120여 도시들을 돌았다. 서구를 지배하던 '중세적 보편성'의 자취와 단일 질서의 역사적 흔적들에 대한 호기심이 우리를 추동推動한 것. 문헌학도인 나는 늘 서재를 벗어나 현장을 경험하고픈 욕망에 시달린다. 대부분 자잘한 결실들뿐이나, 예상외의 낙수落穗들이 적지 않았음은 유럽 여행에서도 마찬가지였다.

　독일 서부 코블렌츠(Koblenz) 교외에서 '짐머 프라이(Zimmer Frei/빈 방 있음)'란 표지를 보고 들어가 이틀간 묵은 민가. 첫날 아침 식당으로 내려가니, 주인 남자가 너덜거리는 지도책을 들고 와 손톱 크기의 한반도를 손끝으로 짚었다. '당신들의 나라 코리아는 이곳을 말하는가?'라고 물었다. 'South냐 North냐?'라는 물음도 뒤따랐다. 전날 체크인 때 기록한 'KOREA'에 큰 호기심을 가졌던 듯했다. 오죽하면 창고 깊숙이 넣어 두었음 직한 지도책까지 꺼내 들고 우리가 식당에 내려오기만 고대하고 있었을까. 책으로만 접해온 유럽 문명의 실상을 보고 느끼기 위해 찾아온 대한민국 학자 부부임을 강조하자, 그러냐고 응답하면서도 머리를 갸웃했다. '가난한 분단국 주민이 차를 몰고 독일 등 유럽 일대를 여행하는 일이 가능하냐?'는 의문이 그 표정의 참

뜻이었으리라. 쓸쓸했지만, 그를 붙잡고 앉아 이야기를 나눌 만큼 당시의 우리는 한가하지 않았다.

길거리에서도 당시 유럽인들은 우리를 보고 열에 여덟은 '야뽕' 아니면 '야판'이냐 물었다. 어떤 녀석은 지나면서 '곤니찌와!'를 외쳤고, 식사 뒤 계산을 끝내면 식당 주인은 '사요나라!'로 작별 인사를 건넸으며, 기념품점 아줌마들은 '아리가또'를 연발하면서 우리의 환심을 사려 했다. 매번 코리안임을 강조할 수도 없었다. 궁벽한 곳에 가도 중국 식당 하나쯤은 있었으나, 삼성과 엘지, 현대를 빼면 우리의 존재를 입증할 만한 표지들은 없었다.

그 사이 우리에 대한 서구인들의 인식 변화는 놀랍다. 앞에 K자를 붙인 문화예술·무역·방산防産 등 세계인들이 주목하는 분야들 덕분이리라. 그것은 시간이 알아서 이루어준 결과가 아니다. 명민함과 노력, 부단한 학습의 결실이다. 이제 한국의 여행객에게 '남이냐 북이냐?/어떻게 이곳으로 여행 올 수 있었느냐?' 등 촌스러운 질문을 던지는 유럽인들은 없을 것이다. 🍵

재외동포들의 정서를 헤아리며

1998년 봄, LG연암재단 해외연구교수로 미국 UCLA에 체류하던 중 하와이 출신 3세 한인 여성 학자 스테퍼니 한을 만났다. 그에게 A4 크기의 낡은 종이에 타이핑된 62쪽 분량의 영문 연극 대본 『로터스 버드(Lotus Bud)』를 받고, 며칠 동안 흥분으로 밤잠을 설쳤다. 하와이 에서 1930년대부터 한인 공동체들을 아우르기 위해 공연된 『로터스 버드』는 해체한 홍길동 서사에 심청, 로미오와 줄리엣, 로빈후드 등의 모티프를 첨가하고 재구성한, 놀라운 작품이었다.

이에 앞서 한중 수교 직후인 1995년 중국 옌볜대의 학술 세미나에서 는 권철, 김동훈, 김병민 등 그 지역의 핵심 학자들을 만나 조선족 문 학에 관한 소중한 자료들을 확보했다. 2008년부터는 러시아, 카자흐스 탄, 우즈베키스탄, 키르기스스탄, 벨라루스 등 구소련 지역의 여러 나 라들을 찾아 고려인들을 만나고 예기치 않은 자료들을 손에 넣기도 했다.

각처에서 만난 재외동포들은 이 땅에서 삶을 유지할 수 없어 조국을 떠났거나 타국으로 강제 이주된 사람들 혹은 그 후손들이었다. 탈 조 국의 시점으로부터 길게는 1세기 가깝도록 짧게는 수십 년 동안 디아

스포라(diaspora)로 살아오는 그들이다. 2세→3세→4세로 내려오면서 체류국의 언어를 모어母語로 삼는 경우가 많아졌지만, 부모에게 물려받은 조국의 말과 글을 유지하는 사람들 또한 적지 않았다. 말이나 글과 함께 물려받는 것이 문학 장르들이다. 중심부인 우리나라의 문학은 많이 변했으나 주변부로 살아온 그들의 문학은 부조父祖들의 기억을 통해 상속받은 '예전의 것'이 대부분이다. 학생들에게 해외 각지에서 확보한 동포 문학의 텍스트들을 보여주며 느낌을 말하라고 하면, '지난 어느 시기의 정서에서 멈춘 것 같으나, 가슴을 뭉클하게 한다'는 의견이 대다수인 것도 그 때문이리라.

정부 기관으로 재외동포청이 생긴 지금, 정치·경제·사회·외교 등 현실적 관점에서 재외동포들을 관리하는 일은 중요하다. 그러나 동포 문학과 예술 자료의 체계적인 수탐이나 선양 등을 통해 '자의 혹은 타의로 떠나갔던 사람들의 정서'를 헤아리는 일도 조국이 그들을 진정으로 품을 수 있는 멋진 방법 아닐까.

고서 찾아 헤맨 세월

　귀한 자료를 구해 자신의 이름으로 학계에 기여하는 것이 고전문학 전공자들의 로망이다. 녹록지 않은 현실 때문이었을까. 남들이 먹고 버린 조박糟粕이나 열심히 핥으며, '가난한 문헌학도의 팔자가 이러려니' 체념하고 지낸 세월이 길다. 선학들이 닦아놓은 길을 충실히 따라 걷는 것만으로 위안을 삼기도 했다. 그러면서도 고(문)서들을 부지런히 찾아내고 새로운 담론을 만들어내는 몇몇 선학들을 유심히 관찰해 왔음은 물론이다. 무엇보다 그 힘이 부럽고 비결이 궁금했다. 자료에 대한 갈급渴急의 세월. 그러나 내게도 '관대하고 통 큰' 조력자들은 있었다.

　'청기와 장수'[기술을 남한테 가르쳐 주지 않는 사람]가 되면 안 된다는 신조로, 연구실에 고문서들을 비치하고 원하는 이들에게 빌려주며 조언하시던 나손 김동욱 선생, 자료들이 필요하여 연구실과 서재로 간간이 찾아뵙던 인산 박순호 선생, 고서 계의 큰손으로서 가끔 탐서 여행에 동행하고 귀한 자료들을 수시로 공유하던 이현조 박사 등은 연구에 몰두하던 시절 음으로 양으로 도움을 받은 그 방면의 대가들 가운데 우뚝한 몇 분이다.

　수시로 나손 선생 연구실을 찾아 비치된 필사본 고소설들과 시가 관련 기록들을 빌리고 질문드리는 과정에서 자료 감식의 방법을 터득했다. 툭툭 던지시던 선생의 몇 마디 말씀들이 열 갈래, 스무 갈래 깨달음의 파문을 일으키곤 했다. 학문적으로 대성한, 그분의 몇몇 후학들도 대개 그런 식의 가르침을 받았으리라. 급한 자료 요청 전화에도 늘 다정한 음성으로 응해주시던 인산 선생. 찾아뵐 때마다 연구실과 서재는 '고서 세미나'의 현장이 되었고, 그 덕에 나는 제법 여러편의 논저들을 펴낼 수 있었다. 고서 감별안과 소장 자료의 질·양으로 우뚝하던 이현조 박사. 호남·영남·서울을 함께 누비며 적지 않은 보물들을 건졌다. 예컨대 조선 사신들이 중국에서 당하던 외교 참상을 생생하게 그린 『죽천행록』, 현실 고발 가사 〈거창가〉에 관한 기존 담론의 오류들을 바로잡을 수 있게 한 필사본 〈거창별곡〉 등은 그로부터 선뜻 양도받은 것들이다.

고서 자료들을 쉽게 찾을 수 있는 시절은 더 이상 아니다. 찾았다 해도, 귀한 자료를 오래 섭렵하며 자득自得의 이치를 담론으로 만들 만큼 '끈질긴' 시절도 아니다. 고서를 갖고 있어도 남에게 성큼 제공하는 낭만 시대는 더더욱 아니다.

잊지 못할 눈칫밥

　간신히 대도시 고등학교에 진학한 어린 시절. 숙식이 난제였다. 담임 선생님의 주선으로 중학생 형제의 입주 가정교사가 되었다. 밤 11시까지 책상 앞에 붙들고 앉아 복·예습시키기, 각종 시험 대비해 주기 등이 내 임무였다. 그런데 녀석들은 왜 책상 앞에만 앉으면 졸고, 월말고사는 어찌 그리도 자주 돌아오는지. 성적표 받아오는 날부터 그 부진한 성적의 기억이 사라지는 날까지 전전긍긍이었다. 난생처음 경험한 눈칫밥이었다.

　크고 작은 기업체들의 책임자급으로 일하던 지인들이 있다. 음으로 양으로 늘 평가에 시달리던 그들. 불경기에 경쟁 또한 심해지니 좋은 실적을 올리기 어렵다고 했다. 좋은 시절엔 보너스도 당당히 받았으나, 실적이 나쁘니 월급 받기도 면구하다는 하소연이었다. 최근 국회의원들에 대한 평가가 심심찮게 거론되는 것을 보니, 정치인이나 공직사회에도 평가는 있는 모양이다. 국민의 세금으로 밥을 먹는 그들이 최소한의 양심이라도 갖고 있다면, 국민의 눈치가 왜 안 보이겠는가. 퇴직 후 특별한 일 없이 지내며 가족들의 표정을 살펴야 하는 적지 않은 가장들도 있다. 그들에게 '삼시 세끼' 부인이 차려내는 밥은 영락없는 눈칫밥일 수밖에 더 있는가.

'시위소찬尸位素餐'이란 성어가 '전한서前漢書'에 나온다. 한나라 성제成帝 때 주운朱雲이 상소를 올려 황제에게 아첨을 일삼던 장우張禹를 논척하며 쓴 말인데, '백성들에게 아무 보탬도 되지 못하고 자리만 지킨다'는 뜻을 갖고 있다. 어찌 장우 한 사람뿐이랴. 관청이나 국회의 문을 열고 들어가 보라. 그 울타리들 안에 시위소찬하는 인간들은 득실거린다. 자신들이 눈칫밥을 먹고 있는 줄도 모르는 그들이다.

밥값도 못하면서 얻어먹는 밥, 주는 사람의 불만을 반찬 삼아 먹는 밥이 눈칫밥이다. 자신이 밥값도 못한다는 사실을 안다면 그나마 개선 가능성이 있는 자이리라. 대부분 눈칫밥을 먹으면서도 그 사실을 알지 못하고, 오히려 당당하다. 그 점이 공동체를 퇴보시켜 온 역사의 비극이다. 얼마 후 닥쳐올 정치의 계절, 시위소찬해온 자들이 이번에도 무더기로 출마할 것이다. 이들에게 '밥값도 못한 자'라는 딱지를 붙여주는 게 국민의 도리일 텐데. 그럼에도 불구하고 다음에도 그들은 눈칫밥을 먹자고 또 덤벼들 것이다.

출세했시다!

　대학원에 진학하여 학과장실의 조교로 있던, 오래전 어느 날. 그 학과 졸업생인 모 대학 ㅁ 교수를 학과장실에서 마주쳤다. '○○○○대학 졸업 후 교직 1년 근무하고 이곳에 입학한 아무개입니다!'라고 인사하자, 나보다 7년쯤 연상인 그는 특유의 시니컬한 어조로 '출세했시다~!' 한 마디 던지고 나가버렸다. 무엇이 출세라는 것일까. 아직도 그 말뜻을 이해하지 못하는 나다.

　어릴 적 고향 마을 사랑방에 모인 어른들의 말을 귀담아듣다 보면, 열 마디 중 한두 마디엔 '출세'라는 단어가 등장했다. 말씀들의 내용은 달랐으나, '두 지게 머리 사이에서 땀 흘리지 않고 펜대만 잡어두 출세여~!'로 담론의 기본 구조는 같았다. 볏가마니나 나뭇짐을 지고 언덕길이라도 오를라치면 머리부터 발끝까지 땀으로 미역 감기 일쑤. 지게는 효율적인 도구이되, 1년 내내 반복해야 하는 지게질만큼 힘든 노동도 없다. 어른들이 보기에 펜대를 굴리며 지내는 면사무소 직원들이나 국민학교 선생님들은 '출세'의 표본이었다!

　산업화 시대가 열리고 농촌을 탈출한 젊은이들이 도시의 산업체 근로자나 사무직원으로 취업하면서 사랑방 '출세 담론'의 격은 높아졌다.

'아무개 아들이 서울 가서 출세했댜~!'로 대화의 구조가 바뀌고, 출세의 내포內包 또한 다양해졌다. 대도시 진출자나 대학 진학자들이 늘고 산업체와 정·관계의 관리직으로 출세하는 인물들도 간혹 나왔다. 군수, 시장, 국회의원, 농협 조합장 등은 물론 동네 이장도 지역민들의 투표로 뽑는 요즈음. 자기 지역에서 출세자가 나오면 대부분 기뻐하고 자랑스러워한다. 동네 어귀에서 '○○○씨 장남 ●●●군 ▲▲군의원 당선을 축하합니다' 같은 현수막을 심심치 않게 목격하는 요즈음이다.

사실 제대로 뽑힌 자라면 자신이 지역과 나라를 위해 해야 할 일을 먼저 생각할 뿐, 출세했다는 생각을 갖지 않는다. 전국적으로 자신의 주장을 내세우고 설득하는 '유세遊說'가 늘 난무하지만, 과연 어떤 후보가 '정의지술正義之術[i]'로 출세 지향의 속내를 억누르고 공명정대하게 의견을 개진하여 나라의 발전에 기여할 수 있을지 가늠하기란 쉽지 않다.

지방대학 출신의 촌놈이 자신의 빛나는 모교에 대학원생으로 입학하고 댓바람에 학과장의 조교가 된 모습이 불쾌했던 것일까. 기세등등하던 ㅁ 교수의 '저잣거리' 출세 담론과 농경시대 촌로들의 그것 사이에 어떤 의미론적 차이라도 있는 것인지, 학기 초와 정치의 계절이 겹친 지금 새삼 궁금해진다.🍰

---

i) 바른 도리에 입각하여 논의를 이끌고 올바른 결론을 도출하는 기술.

보릿고개 트라우마

어릴 적, 오뉴월이면 마을 20호 중 한두 집은 절량絶糧의 위기를 맞곤 했다. 보리 수확 전 항아리가 비기 시작한 것. '보리야, 보리야, 어서 익어라!' 이삭 쓰다듬으며 기원하지만, 끼니때마다 작은 바가지로 곡식 항아리 바닥 긁는 소리만 높아갔다. 배고파 우는 아이들 보며 지아비는 동네에 곡식 꾸러 다니고, 지어미는 들판으로 나물 찾아 허둥댔다. 아이들 얼굴에 허연 버짐 피고, 깡마른 부모 얼굴엔 근심이 시커먼 더껑이로 앉았다.

언젠가 답사차 들른 중국의 삼합진三合鎮에서 강 건너로 바라본 북한 회령會寧 언저리의 산들은 '버짐 피어난' 어릴 적 우리들 모습이었다. 마구잡이로 땔감을 채취한 까닭일까. 성한 나무 한 그루 보이지 않았다. 최근 유튜브로 탈북동포들의 술회를 접하며 그 참상의 진실을 알았다. 먹을 것 없는 북한 동포들이 벗겨 먹을 것은 산밖에 없다는 말을 이구동성으로 내뱉었다. 유년 시절 매년 한 번씩 넘던 보릿고개가 북한 동포들에겐 사철 넘어야 할 '굶주림 고개'임을 깨달았다.

서울의 대학으로 직장을 옮기고 출근한 첫날. 선배 교수들 몇이 맛있는 점심을 사겠다고 했다. 잘 사는 동네로 차를 모는 것을 보며 '기대 만땅'이었다. 그런데 웬걸? 좁디좁은 골목길로 들어가 허름한 집 앞에 차를 세웠다. 간판을 보니 '○○꽁보리밥' 아닌가. '보릿고개 트라우마'에 걸린 나를 꽁보리밥 집으로 끌고 온 선배들이 야속했다. '이 집 보리밥이 젤이여~!' 너스레 떨며 고추장과 나물들을 넣고 썩썩 비빈 다음, 입맛 다시며 먹는 그들. 하는 수 없이 나도 눈 딱 감고 그리했다. 턱뼈에 힘을 주어 몇 번 씹자 비릿한 흙냄새가 났고, 나중엔 향으로 바뀌었다. 그 후 트라우마가 추억으로 변하면서 가끔 그 집을 드나들게 되었다.

이 땅의 시니어들 치고 보릿고개 겪지 않은 사람 몇이나 되랴. 그러나 보릿고개의 추억을 아름답게 간직한 경우는 별로 없으리라. '이밥에 고깃국'을 먹게 해주겠노라 속여 온 것이 북한 '수령들'이다. '이밥에 고깃국'이 싫증 나 꽁보리밥 집을 찾아다니는 '남조선 동포들'을 보며 굶주림 속에 흘려보낸 세월이 몹시 억울할 탈북동포들에게 우리의 트라우마를 들려주고 싶은 요즈음이다.🍰

올챙이 시절과 우리의 삶

만날 적마다 궁핍했던 어린 시절을 회상하며 감회에 젖곤 하던 친구 A. 끼니를 거르기 일쑤였고, 형과 누나들에게 밀려 새 옷을 입어본 적도 없다고 했다. 그래서 지금도 늘 자신은 남들에 비해 손해를 보았다고 생각하며 우울해했다.

몇 년 전 모임에서 지인 B를 알게 되었다. 국민학교 졸업 후 중학교 진학도 못할 정도로 어릴 적 집안 형편은 말이 아니었다고, 그를 아는 사람들은 수군댔다. 그러나 사업 수완이 있었던지 어느 순간부터 돈을 모으기 시작하여 지금은 '알부자' 소리를 들으며 멋지게 살고 있었다. 주변 사람들의 부러움 속에 그는 오만해졌고, '개구리 올챙이 적 생각 못 한다'는 비아냥이 도는 모양이었다.

언젠가 친구 A는 단골식당의 주방 보조로 일하는 해외동포 여성과 몇 마디 말을 나눈 적이 있었다. 받는 월급을 한 푼 안 쓰고 모두 집으로 송금한다는 그녀. 한국처럼 잘 사는 나라는 없을 거라고 부러워했다. 웬만하면 자가용 차를 몰고, 심심치 않게 해외여행을 즐기며, 원하기만 하면 외식을 할 수 있는 한국은 이미 선진국이라고 진단하기도 했다. 친구 A는 그 여성의 말을 곱씹으며 자신을 돌아보았다. 그는 자가용도 있고, 맘만 먹으면 여행도 할 수 있으며, 그럴듯한 식당에서 친구들에게 밥을 살 수도 있었다. 계절에 맞는 옷으로 바꿔 입을 수도 있었고, 영화나 공연을 관람할 수도 있었다. 상대적으로 느끼는 현재의 빈곤을 합리화하기 위해 어려웠던 과거를 끌어오는 것일까. 그래서 그는 늘 우울했던 것일까.

A는 궁하던 올챙이 적 생각에 매몰되어 있고, B는 그 올챙이 시절을 애써 잊으려 한다는 점에서 대조적이었다. 어려웠거나 부유했거나 옛날 올챙이들 모두 현재는 당당한 개구리들이다. 불행했던 과거에 지배당해 행복한 현재를 잊고 있는 존재가 A인 반면, B는 어려웠던 과거를 애써 지워버린 채 현재에 취해 있었다. 개구리로서의 삶을 열심히 살아가되 올챙이 적 삶을 잊지 않는 것. 그 '올챙이 시절'의 지혜로운 소환이야말로 A와 B의 접합점이자 인생을 아름답게 꾸려가는 원동력 아닐까.

사-람-살-류!

풀브라이트 재단 프로그램(Fulbright Program)의 방문 학자로 선발되어 미국 오클라호마 주립대에 체류하던 10여 년 전, 틈틈이 인근의 인디언 보호구역들을 답사하던 중 세미놀 국립박물관(Seminole Nation Museum)에서 가슴 뭉클한 자료를 접했다. '추가 표현들(Additional Expressions)'이란 제목의 문서. "I'm hungry→See-jang HAHM-nee-dah/ I'm thirsty→MAWG mah-ROOM-nee-dah/ Help!→SAH-rahm-SAHL-l' yoo." 소리 내어 읽으면 '시장합니다', '목마릅니다', '사람살류'가 되지 않는가. 일부 내용만으로도 문서 전체의 성격을 알 수 있었다.

6·25 전쟁 당시 위급 상황에 처한 미군 병사들이 사용할 수 있게 만든 '생존 한국어' 가이드였을 것이다. 과연 그것이 소통에 얼마나 도움 되었을까. 모든 게 열악했을 당시 병사들의 고통을 생각하면 지금도 마음이 짠해진다. 전쟁이 아니었다면 한국 땅을 밟을 이유도, 도막 말들이나마 한국어를 익힐 필요도 없었을 그들이었다.

포연에 휩싸였던 75년 전의 이 땅. 미국을 비롯한 열여섯 우방국들은 자국의 젊은이들을 '등 떠밀어' 보내주었다. 당시 미국 정부나 부모들은 '시계視界 제로'의 싸움터에서 자신의 아들들이 살아 돌아올 확률을 몇 %로 보았을까. 젊은이들을 사지로 보내며 목마르고, 피곤하고, 아프고, 길을 잃었을 때 어떻게 의사표시를 해야 하는지 알려줄 최소한의 가이드라도 안겨주는 게 그들이 할 수 있는 최선이었으리라.

이미 삼성전자는 놀라운 폰을 출시한 바 있다. AI 기술을 활용한 프리미엄 폰의 첫 모델을 출시했는데, 실시간 통역, 메시지 번역 등 '소통'이 그 핵심 기능이다. 상대방의 단말기나 통신사에 구애받지 않고, 열세 개 주요 언어 간의 통역을 통화 중에 지원하는 것. 문장 스타일을 바꾸거나 철자 혹은 문법의 오류도 수정해 준다니, '바벨탑'의 슬픈 역사를 극복하는 선봉에 자랑스럽게도 우리가 서게 된 것이다.

전화기만 켜면 통역이 되는 지금. 배고픈 미군 병사가 꼬깃꼬깃 접은 종이쪽을 펼쳐보며 '시-장-합-니-다'라고 점찍듯 호소했을 그 시절로부터 75년이나 흘렀다. 낭만 아닌 기적의 시대 아닌가.☕

나는 선생인가? 학생인가?

　교수로 있다가 정년을 맞은 지인. 토론 수업을 선호하던 그는 미숙하지만 순수한 학생들과의 이야기 속에서 기발한 아이디어를 얻는 경우들이 적지 않았다. 토론을 정리하는 과정에서 어떤 가설의 단초가 떠오른 적도 있었다. 그것들이 그가 펴낸 다수 논저들 중 일부의 씨앗이 되었음은 물론이다. 말 그대로 학생들이 '선생의 선생 노릇'을 한 경우 아닌가.

　IT의 개념조차 없었던 시절에 배움을 마치고 박사학위를 받은 내 경우. 800자 원고지에 '꽁당꽁당' 써 내린 논문으로 심사를 받았고, 통과된 논문의 조판 및 제본은 인쇄소에 맡겼다. '농경시대 호미질 식' 공부였다. 나는 70년대 말부터 수동식 타자기를 썼고, 80년대 중반엔 컴퓨터의 문서 작성 기능만 갖고 있던 워드프로세서[전용기]로 옮겨 갔으며, 80년대 후반 컴퓨터를 만나는 등 혁명적 변화의 물결에 휩싸여왔다. 컴퓨터를 능가하는 스마트폰도 함께 일반화되면서 우리는 분명 환상의 시대로 접어들었다. 그러나 거기까지였다. 논저의 생산이 다급한 나로서는 열심히 문서 작성이나 할 뿐 컴퓨터와 관련된 현란한 메커니즘을 그때그때 익힐 여유가 없었다. 그 단계에서 학생들은 내 좋은 선생 혹은 도우미들이었다. 그들에게 의지하면서 내 자생력이 급

속히 퇴화되었음을 절감한 건 정년 직후였다.

컴퓨터와 스마트폰의 다양한 기능을 익히러 가니, 퇴임 교수도, 대기업 고위 퇴직자도, 퇴직 은행지점장도 거기에 있더라는 말을 어느 지인에게 들었다. 교수에게 이것저것 자상하게 가르쳐 주던 학생들의 목소리와 컴퓨터 강사의 그것이 다를 바 없으리라.

『장자莊子』「제물론齊物論」의 '호접몽胡蝶夢'. '내가 나비일 수 있고 나비가 곧 나일 수 있는' 구분 없음의 경지를 보여주는 이야기다. 나 같은 단순 무식의 입장에서는 '내가 학생들의 선생인지, 학생들이 내 선생인지' 구분할 수 없는 춘몽春夢의 한 세월도 그렇게 읽어낼 수 있을 것이다. 학생들을 가르치면서, 그들에게 가르친 것보다 그들로부터 배운 것이 많았음을 알게 된 지금, 호접몽의 환상은 현실임을 비로소 깨닫는다. 그들은 내 선생이었고, 나는 그들의 모자라는 학생이었음을.

내가 알면 남도 안다!

　박사과정 시절, 어느 학술 모임에서의 일. 모 대학 중견 교수 한 분이 새로 발굴한 한적漢籍 필사 자료의 분석 결과를 발표한 뒤 토론이 이어졌다. 학계에 많이 알려진 분의 발표일 뿐 아니라, 흘려 쓴 글자들을 해독하는 일이 쉽지 않아 누구도 섣불리 말문을 열 수 없었다. 잠시 침묵의 시간이 흐른 뒤 한 사람이 조용히 손을 들었다. 혼자서 공부하는 중이라고 자신을 소개한 그는 띄어 읽기와 오역의 문제들을 짚어가며 자신의 생각을 조리 있게 말했다. 그의 의견대로 새기니 문리文理가 바로잡혀 훨씬 나아 보였다. 발표자도 그의 말을 수긍했고, 큰 오류를 수정할 수 있었다. 그가 누군지는 지금도 알 수 없다.

　'논문 생산'에 재미를 붙여가던 초보 교수 시절. 가설의 독창성에 대한 자신감으로 연구사 점검을 대충 했다가 탈고 직전 비슷한 아이디어의 논문을 누군가 이미 발표했음을 알고, 접은 경험들이 있다. 정년 즉시 그동안 소홀했던 국내 여행을 겸하여 각지의 토속주土俗酒들을 답사하고, 그 결과를 책으로 엮으려 했었다. 설마 누가 이런 작업을 생각이나 했으랴? 자신감에 제법 치밀한 계획까지 세웠으나, 출발 직전 갓 출간된 백모 씨의 책을 발견하곤 답사를 포기한 일도 있다.

　학술지 투고 논문 심사 결과에 대하여 반발하는 투고자들을 가끔 목격한다. '게재 불가'의 판정에 대하여 '참신한 논문 쓰기나 선진적 발상을 이해 못 하는' 심사자들의 인식에 문제가 있다는 항변이 대부분. 자신의 학문 역량에 대한 지나친 자부심으로 담론의 보편성이나 객관성을 경시하고 주관적 편견과 독창성을 구분하지 못하는 데서 이런 해프닝은 생겨난다. 그런 논문들의 성향을 심사위원들은 대체로 잘 알고 있었으며, '게재 불가' 판정은 중립의 입장인 내 눈에도 타당해 보였다.

강호에는 숨은 고수들이 많다. 기발한 아이디어가 떠오를 때, 그것을 서둘러 써먹으려다 망신하는 경우들이 드물지 않은 것도 그 때문이다. 철저한 시장조사를 통해 그런 아이디어의 결과물들이 있는지, 아이디어가 타당한지 등을 확인하는 건 생산자의 의무다. 나를 포함, 많은 사람들이 자기 과신의 덫에 걸려 실수를 범하는 경우엔 정말 대책이 없다. 내가 알면 남도 아는 법이다!☕

사람 고쳐 못 쓴다?

범죄 전력자들의 반복되는 범행이 잦은 요즈음. 사회적 질타들이 쏟아지곤 한다. 가장 강도強度 높은 비판이 '사람 고쳐 못 쓴다'는 말. 누가 들어도 가슴 서늘해지는 '돌직구'다. 개인의 범행과 인간의 본성을 직결시키는 말이라서 더욱 그렇다. 범죄자를 포함, 인간 모두에게 그 말은 '천형天刑의 선고'나 다름없다. 과연 개인의 범행을 '악한 인간 심성'의 판단을 위한 보편적 준거로 삼을 수 있는가.

중죄를 거듭 범하고도 큰소리치며 활보하는 정치인들이 많은데, 소소한 범죄자(들)만 '죽일 놈'으로 단죄할 수 없다는 현실 인식은 '범죄 일상화'의 늪에서 허우적대는 세태를 잘 보여준다. 인간의 행동은 대부분 도덕적·합리적 판단에 바탕을 둔다. 그 도덕성이나 합리성은 세상의 보편적 기준에 비추어 선일 수도 악일 수도 있다. 범죄자들이라고 평생 가증스러운 범행만 반복하며 살지는 않을 것이다. 그러나 무겁게 벌받은 뒤에도 여전히 범행을 저지르는 행태는 어떻게 해석해야 할까. 지속되는 범죄자들의 행위를 인간이 지닌 '악한 본성'의 표출로 보는 것도 그 때문이리라.

'사람은 변하지 않는다'는 단언은 선험과 경험을 아우른 데서 나온 판단이다. 선·악은 상반되면서도 인간 내면에서 사이좋게 공존한다. '세 사람이 길을 가면 반드시 나의 스승이 있으니, 그중 착한 자를 따르고 악한 자를 보며 자신의 행동을 고쳐야 한다'는 공자도, 그 말을 '선과 악이 모두 내 선생'이라고 부연 설명한 남송南宋의 섭하손葉賀孫도 악한 본성을 인정하되 어디를 지향해야 하는지 잘 보여준다. 사람의 성정이 늘 선악 양단에 걸쳐 있음을 눈에 보이듯 설명하는 맹자孟子·고자告子·순자荀子 등의 언설들도 있지 않은가.

'사람의 성정은 결코 좋아질 수 없다'는 단정에 동의해야 한다면, 공동체의 일원으로서 절망감을 떨칠 수 없다. 여전히 교육과 교정矯正을 통해 잃(잊)어버린 인간의 착한 본성을 회복하는 방향으로 노력하는 것만이 유일한 방안일까. '사람 고쳐 못 쓴다'는 말. 수시로 보는 거울에 새겨놓고 경계해야 할 우리 모두의 '경명鏡銘'으로 삼아야 할 것이다. 🪔

길냥이 떠나던 날

　얼마 전부터 내 집을 찾아 끼니를 해결하던 길냥이 한 마리. 최근 누가 물었는지 뼈만 남은 몸의 움푹 파인 상처가 딱해 보이던 녀석은 신음 속에 막바지 숨을 몰아쉬곤 했다. 녀석이 올 때마다 통조림을 건네자, 몇 번 먹고 힘을 차리는 듯했다. 그 후로 그는 내 집 주변을 떠나지 않았다. 오늘 아침, 뜰에 죽어있는 녀석을 발견했다. 언제부터 그는 이곳을 죽을 자리로 점찍었던 것일까. 깨끗한 한지 석 장으로 앙상한 그를 곱게 싸맸다. 염을 마친 뒤 장례를 치러줬다. 그를 안고 걸어가는 동안 살아있는 내가 죽어있는 나를 안고 가는 듯, 느낌이 묘했다. '내가 떠나는 날도 누군가 이렇게 하겠지?' 중얼거리며 조용히 슬픔을 삭였다.

　개, 고양이, 닭, 참새, 까치(...). 수명이 다하거나 앓다가 죽고 상위 포식자들의 공격으로 삶을 마치는 내 집 주변의 동물들. 그들도 생로병사의 경로를 밟는다. 약이라도 먹이거나 발라주고 싶으나, 야생의 그들은 내 손에 잡혀주지 않는다. 기쁠 땐 노래하며 날뛰고, 아플 땐 신음하며 애쓰다가, 죽을 자리 찾아 삶을 마감하는 그들의 일생이 인간과 흡사하지 않은가. 그들에게도 다음 생이 있을까. 독배를 마시고 죽어가며 '나는 떠나가네. 그대들은 살기 위해, 나는 죽기 위해. 그러나 우리들 가운데 누가 더 좋은 일을 만나게 될 것인가는 신만이 알 수 있겠지?'라고 중얼거린 소크라테스. 그도 사후 세계에 대한 판단을 신에게 미루었다.

생명체들이 태어나고 살다가 죽는 과정을 가까이서 관찰하며, 그 과정이 판에 찍은 듯 비극적임을 절감한다. 전원은 자연물들이 어울려 사는 '이상 공간의 가능태'다. '태어남과 떠남'의 고리가 한순간도 끊어지지 않는 그곳에서 인간 역시 그 구성원 중 하나일 뿐이다.

마지막 고개를 넘는 과정의 고통을 덜고자 깨끗한 물 한 모금과 한 숟갈의 기름진 음식이 필요했던 길냥이. 아픔으로 끙끙대던 그도 마지막엔 죽음을 받아들였다. 먹이 그릇 옆에 널브러진 그에게 접근하기를 피하던 그의 동족들도 죽음의 절대성과 공포에 가위눌렸던 것 아닌가. '어떻게 살아갈 것인가' 못지않게 '어떤 모습으로 죽어갈 것인가'도 중요함을 새삼 깨닫게 되는 전원의 어두울 녘이다.🍵

어서 Osiyo

10년 전, 미국 오클라호마 털사(Tulsa)시에서 열린 '풀브라이트 방문 학자 발전 세미나'. 호스트 패밀리와 저녁 식사를 함께 하고 그의 집을 방문하는 프로그램이 들어 있었는데, 내 호스트는 첫날 나를 픽업해 준 클라크 씨였다. 한국에서의 멋진 추억들을 잊을 수 없어 참가 학자들 중 유일한 한국인인 나를 게스트로 '찜했다'는 것.

그의 집 거실 벽에는 세계의 각종 탈들이 걸려 있었고, 우리의 각시 탈도 끼어 있었다. 세미나 행사들 중 '가정 초대 만찬'이 있음을 알고 미리 준비해 간 양반탈은 절묘한 선물이었다. 그는 뛸 듯이 기뻐하며, 즉시 각시탈 옆에 양반탈을 부착했다. 그의 분위기가 대다수 미국인들과 다른 이유를 묻자 자신의 혈통 때문이라 했다. 조모가 체로키(Cherokee) 인디언이니, 자신은 25퍼센트의 체로키족 피를 갖고 있다는 것. 혼혈 체로키인의 우수성에 대한 자부심이 대단했다.

간간이 인디언 보호구역들을 답사해 오던 우리 부부는 클라크 씨의 조언대로 체로키족에 비교적 긴 시간을 썼다. '문명화된 다섯 종족들(Five Civilized Tribes)' 중 맨 처음 거명되는 체로키. 보호구역에서 목격한 역사적 사실들 상당수가 이채로웠다. 백인들이 자행한 강제 이동을 지칭하는 '눈물의 여정(Trail of Tears)', 독자 표기체계로 체로키 말을 쓰고 읽게 만들어 체로키 인들의 지적 활동에 혁명을 가져온 인물 '시쿼야(Sequoya)', 체로키어와 영어로 발간된 오클라호마 최초의 신문 '체로키 애드버킷(1844~1906)' 등. 한자 문화의 중압 속에 한글을 만들어 썼고, 타민족의 강압에 의해 다아스포라(dispora)의 아픈 기억을 갖게 된 우리와 여러 면에서 오버랩되었다.

답사 마지막 날. 시내의 작은 식당 앞에서 우리는 말 그대로 '얼어버렸다.' 출입문에 어른 주먹 크기의 글자들 'Osiyo'가, 그 밑엔 의미를 보여주는 'welcome'이 쓰여 있었다. '오시요!'라? 분명 우리의 '(어서)오세요'였다. 잠시 문을 닫은 상태였으므로 식당 주인을 만나지 못해 헤리티지 뮤지엄의 큐레이터에게 물으니 그게 체로키 고유의 인사말이라 했다. 그때부터 우리와 인디언 간 상관성을 연구해 온 학자들의 논저들을 꾸준히 읽기 시작했다. 명석한 체로키족과 천만리 떨어진 우리는 과연 'Osiyo'를 공유하는 것일까.☕

이름대로만 살 수 있다면…

　어릴 적 어머니는 내 이름의 '익'을 '이기(겨)라!'는 뜻으로 지었다 하셨고, 대학에 입학한 뒤 아버지는 '근처 한학자의 권유로『주역周易』익괘益卦에서 따왔다' 하셨다. '바람과 우레가 익益이니, 군자가 그로써 착함을 보면 옮겨가고 허물이 있으면 고친다'는 익괘 상전象傳의 말씀에 끌리셨다는 것.

　박사학위를 받고 은사 이가원 선생님을 찾아뵙자『시경詩經』<백규시>의 '백규白圭'를 호로 주셨다. <백규시> 중 '백규지점 상가마야(白圭之玷 尙可磨也·흰 옥의 흠은 오히려 갈 수 있다)'가 포함된 호사號詞와 함께였다. '말과 행동을 조심하고, 잘못을 저지르면 고쳐라!' 이름과 호에 공통으로 들어 있는 이 속뜻을 지금껏 부적처럼 마음에 지니고 살아온 셈이다.

　그동안 두 아들과 손주, 조카들, 친구 자손들의 이름을 짓느라 동양 고전에서 아이디어를 얻어 왔다. 이름에 맞게 살아가는 모습들을 보며, 그들 모두 자신의 이름을 소중히 여기고 있음을 깨닫는다. 이름과 함께 건넨 내 당부가 당사자들에게 잘 전달된 결과라는 믿음이 강해지는 요즈음이다.

　그뿐 아니다. 매 학기 첫 강의에서 출석 확인차 학생들을 호명하며 이름의 의미와 함께 왜 그렇게 지었는지를 묻곤 했다. 자식의 이름에 부여한 부모의 꿈과 희망을 늘 마음에 품고 노력할 것을 강조하기 위해서였다. '이름대로 살아가야 함'을 배운 제자들 가운데 잘못된 경우가 없다는 자부심을 지금도 갖고 있다.

몸은 죽어도 이름은 썩지 않는다. 인격적·도덕적·사회적으로 빛나는 공적이나 성과를 명예라 하지만, 당사자의 이름이 들어가야 비로소 그것은 온전해진다. 어떤 연구자는 이름이 세상에서 가장 짧은 주문呪文이라 했다. 이 경우의 주문은 '음양가나 점술가가 술법을 부려 귀신을 쫓을 때 외는 글귀'라는 뜻의 그 말은 아니리라. 부모가 간절한 소망을 담아 자식의 이름을 짓고 자식이 그 점을 항상 기억하고 노력하면, 반드시 이룰 수 있다는 자기암시의 기적을 지칭했을 뿐이다. '이름대로 살아가는 일'이야말로 인간이 실천해야 할 최소한의 효도이자 최고의 권리 아니겠는가.🍵

무자격 지도부, 난세의 근원

　얼마 전 지인들과의 모임에서 '난세'를 두고 토론을 벌였다. '좌·우' 중 한쪽을 난세의 근원으로 지목하고, 진압의 능력과 배포 없는 다른 쪽의 인물들을 성토한 당시 어느 정치인의 말이 화두였다. 심판자를 자임할 뿐 자신이 어느 쪽인지 밝히지 않은 점은 문제였으나, 정치인들을 혼란의 근원으로 지목한 그의 진단은 맞았다. 민주정치의 알파와 오메가인 법을 '손바닥 뒤집듯' 만들고 고치는 국회의원만큼 힘 있는 존재가 또 있을까.

　국회의원을 선량選良이라 한다. '박선양재(博選良才/널리 출중한 인재를 뽑다)·신선양장(愼選良將/훌륭한 장수를 신중히 고르다)·간선양리(簡選良吏/어질고 재능 있는 벼슬아치를 골라 쓰다)' 등 고전 속의 문구들에는 다양하고 특별한 의미들이 함축되어 있다. 이에 기반을 둔 우리의 선량이나 일본 '센료오せんりょう'의 인간상은 엘리트(élite·뛰어난 능력이 있다고 인정되는 사람)와 젠틀맨(gentleman·몸가짐이 점잖고 예의 바른 사람)의 결합형이다. 현 국회의원들의 능력과 인성으로 그런 호칭을 감당하기는 불가능하다.

　국정 질의차 불러낸 정부 측 인사에게 '건방 떨지 말라!'고 일갈, '뒷골목 깡패'의 기시감을 야기하는 의원도 있고, 사법의 무력화나 그 리

스크 면피 목적으로 법과 지위를 악용하는 의원들도 적지 않으며, 신종 '정치 어록'이나 '막말 사전'을 펴낼 수 있을 만큼 꼼수·욕설·거짓 프레임을 구사하는 의원들 또한 많다. 해야 할 일은 하지 않으면서 명분 없는 고액의 명절 휴가비를 챙기는 의원들의 '파렴치 행위'가 최근 폭로되기도 했다. 이런 부류가 난세 유발의 장본인들이다.

한나라 때 사마천司馬遷은 우리의 어떤 정파처럼 '남을 공격하고 정벌하는 것을 현명함으로 삼은 점'을 난세의 표징으로 들었다. 덕과 양심에 기반을 둔 유가의 질서 관념이 철저히 무너져 백성 모두 도탄에 빠졌던 시기가 춘추전국시대였다. 역으로 개혁 사상가와 정치가들이 등장하여 미래의 새로운 질서를 예고한 것도 그 시대였다. 혹시 우리의 난세에도 새로운 시대 도래의 조짐은 보이는가. 민초도 학자도 경세가도 '암수暗數로 힘을 모아온 자(들)'에게 휩쓸리는 지금. 새 시대의 깃발은 어디에서 펄럭이고 있는가.☕

국격을 갖춰야 대국大國이다!

여러 해 전, 중국에서 봉변한 국회의원 문제로 '민족의 자존심'이란 제명의 칼럼을 썼다. 며칠 뒤 기자 출신 중국 유학생이 찾아와 거세게 항의했음을 학교의 한 부서장이 귀띔하며, '어이없는 일이었으나 잘 타일러 보냈다'고 했다. 왜 그 중국인은 내게 오지 않고 학교 당국을 찾아갔을까. '대국의 심기를 거스른 교수에게 소국의 대학은 인사상 불이익을 줘야 한다'는 압력이라도 넣으려는 의도였을까. '간이 부어 배 밖으로 나왔다' 할 만큼 건방지고 얼빠진 작자였다.

서너 해 전, 미국에서 젊은 정치학도 한 사람을 만났다. 이야기 가운데 함께 공부한다는 중국 유학생들의 행태가 놀라웠다. 우리나라에 대하여 심히 왜곡된 인식을 갖고 있는 그들. 우리를 그들의 속국으로 보는 점은 가장 심한 모욕이다. 전체주의 체제가 여전히 젊은이들에게 거짓 역사를 가르치며 '중국몽' 실현의 전사로 기르고 있다는 실증일 것이다.

지난해 '비대면'으로 중국 유명 대학 특강의 기회를 가졌다. '『시경』과 <용비어천가>의 비교'가 주제였던 만큼 정치적으로 과장 해석될 우려도 없지 않아, 강의 초입에 안전장치를 설치했다. 로마제국의 정치·문명과 기독교 정신이 이룬 서양 중세 보편주의, 근대 이전 중국의 정치·문명과 유·불·도가 형성한 동아시아 중세 보편주의. 그 양자의 동질성을 강조했다. 동·서양의 보편자는 개별자들 간의 차이를 뛰어넘는 초 민족적 공유 자산이었다. 우리 왕조들이 '시경'을 수용, 악장으로 써온 일은 주나라 이후 중국 왕조들이 그렇게 해온 것과 마찬가지다.

'땅덩어리' 크다고 대국이고, 작다고 소국은 아니다. 국격은 땅의 크기에 비례하지 않는다. '중국은 큰 산이고 우리는 작은 언덕'이라고 말한 어느 정치인의 지적 수준이 끔찍한 건 그 때문이다. 중세 때 사대事大는 '전쟁 없이 평화롭게 살고자 한' 현실적 선택지였고, 맹자가 말한 '사소事小'는 작은 나라에 대한 큰 나라의 외교적 존중 원칙이었다. 옛 현자들의 그런 지혜도 모르면서 나라의 권력을 잡은 못난이들이 백성들을 오도하며 역사를 거꾸로 돌리려는 비극적 현실. 그래서 몸집만 큰 나라를 떨게 할 만큼 우리 스스로가 강해져야 한다.🍶

문맹에서 '컴맹'으로

국민학교 저학년 시절, 가끔 하굣길에서 나를 기다리던 20대 중반 아줌마가 있었다. 아줌마는 '군사우편' 네 글자가 찍힌 편지 한 통을 내밀곤 했다. 편지지 그득한 '괴발개발'을 읽어달라는 것. 어린 내가 보기에도 맞춤법 틀린 글자와 뜻 모를 문장들이 많아, 짐작으로 읽을 수밖에 없었다. 중간쯤부터 아줌마는 훌쩍이기 시작하고, 등에 업힌 아기도 칭얼댔다. 어린 각시와 아이를 남겨 둔 채 입대한 남편의 마음은 얼마나 쓰라렸을까. 편지를 읽고 나면, 아줌마는 빈 종이와 봉투를 꺼내주었다. 책보를 풀어 연필을 꺼낸 뒤, 아줌마의 구술을 '국어 받아쓰기' 시험 보듯 적고 봉투엔 주소도 써넣었다. 다 쓴 편지를 건네받은 아줌마는 눈물을 훔치며 면 소재지 우체국으로 달려갔다.

옛날부터 굴 따서 파는 일은 바닷가 고향 마을 여성들의 부업이었다. 따낸 굴을 중간상에게 넘기면 수입이 쏠쏠했다. 당시 국문을 '트(터)득'하고 굴값 계산만 할 수 있으면 여자 교육은 끝이라고 말하던 어른들도 있었다. 일부 아이가 결석을 반복하다가 학교를 그만두는 것은 그들이 그 수준에 도달했다고 판단한 결과였다.

태어나 처음으로 한글 읽고 쓰기를 배운 지방 할머니들이 시를 지어

합동 시집을 출판하거나, 그들의 글씨가 대통령 연하장 글꼴로 채택되어 사람들을 감동시킨 일도 있었다. 1955년 문맹률이 22.15%라는 통계 자료가 있으나, 그보다 10년 뒤 국문 읽기와 쓰기를 터득한 내 느낌으론 주민 열 중 최소 네다섯이 문맹이었다. 세계 최고의 문해율을 자랑하는 지금 세대는 상상도 할 수 없는 일 아닌가.

이제 문맹이 사라진 자리에 '컴맹'이 들어섰다. 주민 센터 컴퓨터 강좌에는 할머니·할아버지 아닌 중년 남녀가 들어차고, 친구들 모임에선 초등학교 저학년 손주한테 스마트폰 사용법을 제대로 배운다는 자랑 섞인 고백도 쏟아진다. 컴퓨터 만능 시대에 컴맹이라니! 컴맹률을 조사해 보면, 그 옛날 문맹률보다 결코 낮지 않으리라. 지금의 컴맹이 내 어린 시절 문맹 못지않게 서러운 것도 그 때문이다. 군대 간 남편에게 보내는 편지를 국민학교 3학년생이 대필해 주던 문맹의 시대에서 그 또래 손주에게 컴퓨터를 배우는 컴맹의 시대로 바뀐 것일까.☕

짜장면으로 근원 찾기

　어린 시절 아버지 따라 면사무소 옆 장터에 갔다가 처음 맛본 짜장면. 그 부드러운 감칠맛의 기억이 강했으나, 다시 맛볼 기회는 쉽게 오지 않았다. 몇 해 뒤 '중졸 검정고시' 합격증을 받고 자축하기 위해 친구들 몇을 시장 골목의 중국집으로 불렀다. 짜장면 맛이 추억으로 남게 된 건 바로 그때. 서울살이 37년 동안에도 짜장면은 간혹 먹었으나, 그 첫 기억과 추억이 떠오른 적은 없었다. 분주하고 번잡한 일상 때문이었으리라.

　전원으로 돌아와, 한적한 어느 면 소재지를 지나던 중 시장기가 동했고, 짜장면집이 바로 옆에 있었다. 첫 젓가락질에 잡힌 몇 올의 면 줄기들이 옛 맛의 기억을 끌어냈다. '미각은 지문보다 정확하다'는 속설을 확인하는 순간이었다. 기억과 추억을 만들어 준 고향의 그 집이 사라졌음을 알게 된 그즈음부터 짜장면 맛 탐색은 시작되었다. 심지어 짜장면의 원조라는 인천 차이나타운에도 들렀다. 내 혀에 남은 맛의 단초가 혹시 거기에 있을까 해서였다. 짜장면 맛 찾기를 통한 내 '근원 찾기'라고나 할까.

　시골 장터에서 친구들과 짜장면의 추억을 공유한 뒤 노마드로 세상을 전전하다가, '고향 가까운 곳'에 내려와 그 맛을 찾아다니는 오늘까지 반세기가 넘었다. 고향의 순채국과 농어회를 못 잊어 벼슬을 버리고 귀향했다는 서진西晉 문장가 장한張翰의 '순갱노회蓴羹鱸膾' 고사도 있지 않은가. 벼슬과 명예를 구하며 타향을 전전하는 일의 부질없음을 자각한 그가 고향에 내려온 것도 바로 맛의 추억 때문 아니었겠는가.

타향살이가 나를 변화시키고 키워준 '혁명의 시간'이었다는 건 섣부르고 헛된 자부였다. 거울 속엔 콧물 찔찔 흘리던 옛날의 내가 빈손으로 돌아와 서 있을 뿐이다. 그러나 성취의 자부심 무너지는 동안에도 고향의 짜장면은 이곳 전원의 한구석에서 여전히 방긋 웃고 있었다. 그러니 짜장면을 손쉽게 시장기를 해결할 수 있는 싸구려 음식으로만 여길 수는 없다. 누구든 자성自性을 관조할 때가 되면 고향의 품으로 돌아와야 한다는 것. '소울 푸드' 짜장면이 가르쳐 주는 삶의 진실 아닌가.🍲

의례에서 '나'를 찾다

　최근 한 달의 시차를 두고 외부 음식점에서 열린 두 어른의 생신연에 초대받았다. 한 분은 100세, 다른 분은 96세였다. 노인들뿐인 장수 시대 전원 마을에서 '육칠십'은 청춘이다. 더위에 정장 차림으로 참석한 건 '격에 맞는' 헌수獻壽라도 할까 해서였다. 각자 앞에 차려진 음식 그릇들이 다 비어가도록 그런 순서가 진행될 낌새는 없었다. 장남에게 살짝 물었다. '괜히 튀는 것 같아 식사만 대접하게 되었다'는 답변이 돌아왔다. 두 집 모두 그랬다. 도무지 이해할 수 없었다.

　어느 지인의 개업 축하 모임. 가족·이웃·친지들 몇을 부른, 그럴듯한 모임이었다. 진행을 맡은 지인의 친구는 행사의 취지를 설명했고, 친척 대표는 축하패와 선물을 주었으며, 참석자 모두 덕담을 건넸다. 주인공의 답사가 있은 뒤 음식을 나누었다. 모임은 조촐했으나, 잔잔한 울림은 오래도록 마음에 남았다.

　가까운 친구에게 초등학교 저학년생과 갓 들어간 손주들이 있다. 요즘 학교에서는 여러 합리적인 이유를 들어 상을 자주 주는 모양이다. 손주들이 상을 받아올 때마다 친구는 가족들을 불러 모아 자신이 직접 만든 상장과 부상을 수여하고, 그들의 쾌거가 갖는 의미와 기쁨을 '멋지게' 공유하곤 한다.

　규모와 의미가 크고 무거운 전통 의례들만 중요한 것은 아니다. 가족부터 나라까지 크건 작건 공동체의 일원임을 확인하는 '유사 의례' 이벤트는 많다. 태어나 죽을 때까지 의례들의 홍수 속에 살아가는 존재가 인간이다. 생신연도, 개업 축하연도, 손주 표창장 수여식도 규모는 작지만 생활 속의 의례들이다.

　개별자로서의 인간은 의례들을 통해 공동체의 일원으로 새롭게 태어난다. 일상 속 인간이 의례공간에 들어와 발견하는 것은 새로운 존재로서의 자신이다. 세상이 바뀌었다지만, 좋은 의례가 될 기회에 '까짓 형식, 집착할 필요 없어!'라고 외칠 것까지는 없다. 의례만큼 존재 의미에 대한 자각이나 자기 쇄신의 좋은 찬스가 또 있을까. 매일 먹는 밥, 그 한 끼만을 위해 생신연에 간다면, 우리의 삶이 너무 가볍고 무의미하다. 형식이 내용을 결정하는 경우도 허다하지 않은가.

죽어 떠나는 방식

어릴 적 고향마을에는 상사喪事가 잦았다. 평균수명이 짧았던 시절, 의료마저 끔찍이도 부실한 결과였다. 그 시절 언젠가 동네 어른 한 분이 돌아가시려 한다는 소식에 마을 사람들은 그 집으로 몰려갔다. 상갓집만 생기면 또르르 구경 가곤 하던 나도 함께였다. 마을의 장로長老가 죽어가는 사람의 콧구멍 앞에 솜을 놓고 움직임을 살폈다. 솜의 움직임이 감지되지 않자 숨이 멎었다는 판정을 내렸다. 사잣밥(使者밥)이 차려지고, 장로는 지붕으로 올라가 평소 입던 사자死者의 옷을 흔들며 구천九天을 향해 '고皐 아무개 복復! 복復! 복復!' 세 번 외치는 초혼招魂 의식을 행했다. 몸에서 빠져나간 혼을 되돌리려는 외침이었지만, 사자가 살아날 리는 없었다. 그 시각부터 여인네들의 구슬픈 곡소리와 넋두리가 쏟아지면서 복잡한 장례 절차들은 진행되었다.

십수 년 전 고향 아주머니의 병 문안차 들른 지역 의료원. 보호자도 없이 온몸에 주사 줄을 주렁주렁 매단 채 누워계셨다. 얼음장 같은 손, 눈은 감은 채였다. 그런 '의미 없는' 상태로 몇 달을 지낸 육신에 삶의 끝자락을 잘근잘근 씹고 있는 사신死神의 모습이 어른거렸다. 다음 날 사망선고를 받았고, 고향에 매장되셨다.

가정의례준칙 때문이기도 하지만, 오래전 고향마을에서 목격하던 죽음과 장례식은 이미 사라졌다. 이제 시골 사람들도 대개 병원에서 마지막을 맞고 영안실에서 이승을 떠난다. 나는 시끌벅적하던 상갓집 풍경을 경험한 마지막 세대다. 그 기억에서 자유롭지 않기 때문일까. 깨끗하고 조용하며 담담한 분위기의 요즘 빈소가 생경하기만 하다. 어두운 상복으로 갈아입었을 뿐 평온한 모습의 상주와 상제들을 슬픈 표정으로 대하기도 어색하다. 온라인 부고장에 적힌 상주의 계좌번호 또한 '굳이 오지 않아도 된다'는 배려의 메시지로 읽혀, 장례식장으로 향하는 발걸음이 주춤거려지기 일쑤다.

시대는 바뀌었다. 철학이나 가치관, 풍속은 변화의 물결 속에 원래의 모습을 유지할 수 없고, 사실 그럴 필요도 없다. 우리 삶의 양식이 새로워졌는데, '죽어 떠나는 방식'인들 옛것에 얽매여 고집스레 붙잡을 필요가 있겠는가.🪔

장삼이사들의 당파 싸움

한 달 전 늦은 저녁 모임에서 몇 사람이 말싸움을 벌였다. 정치 담론의 허울을 쓴, 식상한 난타전이었다. 정확히 '여야' 두 편으로 갈렸다. 몇 친구의 개입으로 확대되진 않았지만, 정리되고 나서도 뒷맛이 씁쓸했다. 정치인의 페르소나(persona)를 뒤집어쓴 저질 인사들의 멱살잡이가 시중의 장삼이사들을 격동시키는 문제적 현실이 드러난 현장이었다.

최근의 다른 모임. 싸우기 좋은 판 구성이었다. 양측의 투사들이 나섰고, 일의 전개 양상을 빤히 내다보는 몇 친구가 그들을 주저앉혔다. 그중 한 친구가 '이제부터 이 모임에서는 정치 이야기를 절대로 하지 말자!'고 제의했다. 그러나 며칠 뒤 그는 단톡방에 '가까울수록 정치와 종교 얘기는 안 하는 게 상책이지만, 모두가 한마음이기에 지인이 보내준 글 이곳에 내려놓고 가네.' 라는 멘트와 함께 진한 정치 이야기를 남기기도 했다.

중앙 정치의 구도가 지역 주민의 의식까지 지배하는 요즈음. 권력의 탈취와 독점만을 노리는 당파 싸움을 정치로 착각하는 불량인사들이 중앙에 앉아 나라를 아수라장으로 만들고 있다. 민생 정책이나 국가

비전 등에 관한 어젠다(agenda)의 체계적 논의가 정치 담론이다. 그러니 그들의 말은 좋게 보아 단편적 '이슈(issue)' 논쟁, 나쁘게 보아 패싸움의 도발적 막말에 불과하다. 상대의 약점을 부각하고 거짓을 날조하여 국민의 판단력을 흐리는 꼼수가 정치는 아니다. 정치 담론을 형성하는 올바른 생각이나 지식의 체계가 힘을 발휘해야 국민의 마음은 움직이고, 그 결과로 얻어지는 것이 권력이다. 그걸 모르는 자들이 정치인으로 행세하는 현실의 폐해가 정점으로 치닫는 요즈음이다.

'정치의 인간[homo politicus]'이란 말처럼 인간은 정치를 떠날 수 없다. 노魯나라 계강자季康子가 정치에 대하여 묻자 '정치란 바르게 하는 것이니, 그대가 바름으로 백성을 이끌면 뉘 감히 바르지 않겠는가'라고 답한 공자孔子의 말에 열쇠는 들어있다. 정치인들이 못하면, 국민이 나서서 민생 안정과 나라의 비전(vision)에 대하여 토론할 수밖에 없다. 더 이상 하지 말아야 할 것은 당파 싸움일 뿐, 제대로 된 정치 담론이나 이야기는 오히려 권장되어야 하지 않겠는가.

우리에겐 정치 언어가 없다!

　개·고양이·숲새 등 '전원의 친구들'과 제법 소통한다고 자신하는 데, 착각일까. 인간의 말을 건네지만, 늘 동물의 눈빛과 표정으로 응답하는 그들. 언젠가 '이들이 인간의 말을 할 수 있다면 얼마나 좋을까' 생각하다가 곧 냉정을 되찾았다. 이들마저 인간의 말을 사용하게 된다면, 이미 말들의 홍수에 갇힌 나는 온전한 정신으로 살아갈 수 없으리라 판단한 것. 소통의 행복보다 그로 인한 분노가 더 커진다면, 굳이 인간의 말을 강요할 이유는 없었다.

　산길 3십 리 밖에 있던 중학 과정의 '학력 인정학교' 재학 시절. 종종 걸음 2~3시간의 등하굣길엔 거의 매일 길목을 지키던 깡패들이 있었다. 행태만으로는 요즘 도시의 '학폭'과 비슷하던 그들은 늘 벌건 '눈알' 부라리며 다짜고짜 험한 말로 기를 꺾은 뒤 폭행하곤 했다. 오래전부터 뉴스에서 목격해 오는 정치권 인사들의 표정과 말투가 낯익어, 몇 밤을 뒤척인 뒤 기억을 살려냈다. 옛날, 시골 등하굣길의 그 깡패들! 언론이라는 확성기를 움켜쥔 유력 정치인들에게서 그들의 말과 표정을 찾아낸 것이다.

　대중은 조악粗惡한 정치인들의 말을 항상 접하면서도 자신들이 설

곳을 쉽게 바꾸지 않는다. 남에 대한 이해와 배려를 바탕으로, 부드러우나 논리가 정연하고 유머와 위트가 양념으로 섞인 말이 최상급의 정치 언어다. 이런 언어는 대중에게 제대로 된 삶의 방향을 제시하기도 한다. 폭력성 그득하고 상황 따라 참과 거짓을 수시로 바꾸는 상당수 정치인들의 말은 말 아닌 배설물이다. 공적 공간에서 마구잡이로 던지는 빌런(villain)들의 폭언보다 눈빛과 표정만으로 소통하는 전원 속의 동물들이 훨씬 낫지 않은가.

어릴 적 시골에 찾아온 선교 봉사자로부터 '하나님이 말씀으로 세상을 창조하셨다'는 말을 들었고, 철 든 뒤에야 말(씀)의 큰 뜻을 알았다. 실천을 통해 스스로 깨달은 진리를 전하는 것만이 참된 말이라는 어떤 수행자의 가르침을 듣고, 행동과 다른 망언妄言의 홍수에 휩싸여 있는 현실을 인식하기도 했다. 무뢰배 식 막말을 정치 언어로 착각하면서 국회는 아수라장이 되어가고 있다. 말의 품위나 진실성이야말로 깡패와 정치인을 가리는 첫 조건임을, 우리는 앞으로 얼마나 더 역설해야 하는가. 🗿

영웅을 기다리며

지난해 5월 별세한 임영웅(1936~2024) 선생. '고도를 기다리며'로 우리 연극사의 한 획을 그은 '문화 영웅'이다. 반세기가 넘는 세월, 연극 팬들은 이 작품을 통해 부조리극의 당혹스러운 난해함이 다양한 해석의 단초일 수도 있음을 깨닫게 되었다. 연극을 보는 자 누구든 자신의 시대에 맞춰 작품의 의미를 해석할 자유가 있다는 것. 그것이 원작자 사뮈엘 베케트(1906~1989)조차 똑 부러지게 밝히지 않은(못한) 의도나 의미가 아닐까.

'고도를 기다리며' 블라디미르가 보여주는 낙천주의와 에스트라공이 보여주는 비관주의는 영락없이 우리 내부에 뒤섞여 있는 두 성향이다. 자신의 짐꾼 럭키를 잔인하게 목줄로 매어 노예처럼 부리는 지주 포조는 오늘날 어느 정치 집단의 우두머리와 그 졸개들을 연상시킨다. '오늘은 오지 않고 내일 올 것'이라는 고도의 메시지와 의미 없는 정보를 제공하는 양치기 소년은 교묘한 거짓말들로 민초들을 오도하는 일부 레거시 미디어들이나 SNS 선동자들과 흡사하다. 이처럼 '고도를 기다리며'의 부조리는 바로 지금 우리 상황의 절묘한 압축판이다.

프리드리히 니체(1844~1900)는 보통 사람들이 따르고 복종할 만한 존재로 '초인超人'을 내세웠고, 소설가 너새니얼 호손(1804~1864)은

'큰 바위 얼굴'을 그려냈다. 고도, 초인, 큰 바위 얼굴 등의 함축적 의미
는 각각 다르나, 실존의 한계를 넘어서는 존재들이라는 점에서 같다.
바야흐로 지도자를 참칭하는 사기꾼들의 발호로 국민이 항심恒心을
가질 수 없는, 혼란하고 암울한 요즈음이다. 이런 세상을 예견하고, 뛰
어난 철학자·문학가들은 의미심장한 존재들을 부조浮彫하여 후세에
남겨 주었으리라.

　예나 지금이나 우리는 난세를 평정해 줄 영웅을 간절히 기다린다.
사기꾼이나 범죄꾼들이 영웅을 가장하고 날뛰는 시절, 힘을 가진 진짜
영웅은 어디에 있는가. 보통 사람들의 소망이나 생각까지도 멋대로 조
종할 수 있다는 망상이 지배하고, 가짜 영웅들의 헛된 욕망과 백일몽
이 난무한다. 영웅이 등장하기를 고대하면서도 영웅과 사기꾼을 구분
하기까지 많은 시간을 허비하는 것이 민초들의 한계다. 그래서 오늘도
우리는 진짜 영웅을 만나지 못한 채 '영웅 대망待望'의 비원悲願이나
대물림하고 있을 뿐이다.☕

이삭줍기

벼농사 수확 철이 막 지났다. 농사가 유일한 생계 수단이었던 시절, 시골에서는 벼 이삭 줍는 일이 늦가을 일상들 가운데 하나였다. 수작업으로 벼를 베어야 하니 논바닥에 떨어지는 이삭들이 적지 않았다. 부지런하기만 하면 이삭줍기로도 적지 않은 곡식을 덤으로 얻을 수 있었다. 잘 익은 벼논을 콤바인이 밀고 지나가며 알곡과 볏짚을 순식간에 정리하는 요즈음엔 상상할 수도 없는 일이나, 이삭줍기는 농경민들이 공유하는 추억이다. 심지어 가을 물난리로 인근 논의 볏가리들이 온통 쓸려나간 어느 해엔 내가 살던 동네 사람들이 갯벌에 흩어진 '꼬리표 없는 볏단'들을 무더기로 확보하는 횡재수를 만나기도 했다.

학창 시절 책에 소개된 밀레의 '이삭 줍는 사람들'과 브르통의 '이삭 줍고 돌아오는 여인들'을 보며 잘 사는 유럽에도 이삭 줍던 시절과 어려운 사람들이 있었음을 알았다. 100살이 되어서도 묵은 밭에서 노래 부르며 이삭을 줍고 초탈한 인생관으로 공자의 호기심을 불러일으킨 위나라 사람 임류林類의 행적을 통해, 그런 '행가습수行歌拾穗'의 고행高行이 일찍이 동양에 있었음을 깨닫기도 했다. '이삭줍기'가 긍정적으로 그려지고 해석되는 경우들이다.

몇 년 전부터 혼란한 정계의 '진흙탕 개싸움 판'이 열린 채 닫힐 기미가 보이지 않는다. 광야에는 싸움꾼들이 지리멸렬한 싸움판에서 우위를 점하기 위해 온갖 무력들을 동원하여 맞서는 중이다. 자잘한 전투에서 잔 펀치들을 주고받는 그들은 건곤일척乾坤一擲의 승부를 가려야 할 때가 다가옴을 아는 것이다. 그 일전을 위해 정병精兵을 고르는 작업은 늘 진행 중이다. 가소로운 꼼수 탓에 선발전에서 탈락한 병사들은 앙앙불락怏怏不樂 자신의 장수에게 창끝을 겨누기도 하고, 이들의 동태를 예의주시하던 다른 편에 영입되기도 한다.

공천이나 정계 개편 등에서 탈락자들을 거두는 일을 세상에서는 '이삭줍기'라 한다. 실한 이삭들만 주울 수 있다면 큰 힘 안 들이고 병력을 보강하는 셈이니, '남는 장사'다. 사람들은 시종일관 비웃음 조로 이삭줍기를 이야기한다. 주워 올리는 이삭들은 수확물 본체 아닌 찌꺼기들에 불과하다고 보기 때문일까. 어느 편 장수가 '뻘짓'하는 경우엔 이삭들뿐 아니라 '꼬리표 없는 볏단들'이 싸움터에 널리기도 한다. 그 예상치 못한 물난리에 떠밀려온 볏단들과 이삭들 사이에서 우왕좌왕하는 군상들. 정상적으로 농사지을 생각은 하지 않으면서 이삭줍기나 볏단 그러모으기로 대박 할 수 있다고 보는 것일까.🍵

교수들의 정년 퇴임과 은둔

　학계를 활보하던 모 교수의 목소리가 상당 기간 들려오지 않았다. 알아보니 정년으로 학교를 떠났다고 했다. 우리나라 교수 정년은 65세. 입을 닫으라는 법은 없어도 말을 줄이고, 거동이 불편하지 않아도 학교를 떠나야 한다. 언젠가 잠시 체류 중이던 미국 대학에서 80대 중반의 현역 교수를 만난 적이 있다. 그들은 '종신교수'에 오르면, 말 그대로 '죽을 때까지' 교수직을 유지할 수 있다. 나이에 구애받지 않고, 연금·건강 등을 고려해 적정한 시기에 교단을 떠난다. 그렇다고 한국 교수들이 종신교수 직을 부러워하는 건 아니다. 급격하게 바뀌는 세상이다. 아무리 뛰어난 학문이나 강의인들 어찌 시효時效가 없으랴.

　'정년 적응력'이 뛰어난 우리나라 교수들. 요즘 65세는 대부분 건강 문제없고 분야에 따라 학문적 성숙도가 정점에 가까워지며 인간적으로도 원만해지는 연령이다. 그럼에도 누구 하나 정년을 '쫓겨나는 나이'로 인식하지 않는다. 흡사 고별 연극 무대에서 내려가는 배우처럼 대부분 허허롭지만 개운한 표정들이다. 오히려 새로 펼쳐질 인생 2막에 기대를 크게 거는 듯한 그들이다.

　교수들이 펼쳐온 말과 행위는 무대 위에서의 그것들이니, 무대에서 내려온 뒤엔 그런 말과 행위들을 반복하려 하지 않는다. 무대를 내려온 교수들은 원래의 말을 잊(잃)어버린 채 새로운 배역 뒤로 모습을 감춘다. 간혹 빗나간 정치 집단의 도구가 되어 이해할 수 없을 만큼 아쉬운 행보를 보이는 정년 퇴임 교수도 없진 않다. 그러나 새로운 직업, 사회봉사, 취미활동 등 무슨 일을 해도 그들은 은자隱者다. 연구와 강의에 두각을 나타내던 교수들, 이슈 메이킹 혹은 파이팅에 앞장서던 현실 참여 교수들. 그들 모두에게 정년은 은둔의 시작일 뿐이다.

북송의 역사가 범조우(范祖禹/1041~1098)는 '자신의 은둔을 고상하다고 여기므로 떠나간 뒤 돌아오지 않는 존재가 은자'라 말했지만, 교수의 정년은 돌아오지 않는 게 아니라 아예 돌아올 수 없는 은둔의 출발점이다. 근래 들어 매년 2월과 8월 말에는 어김없이 많은 '베이비부머' 출신 교수들이 정년을 맞는다. 그간 무대 위에서 착용하던 가면은 장롱에 넣어 두고, 의미 있는 은둔을 통해 국가와 사회의 품격을 높여 달라는 사람들의 요구를 기억할 필요가 있다.🍵

국문과가 사라진다

내 어릴 적, 삶의 근저에 대한 성찰로 이끌어준 분들은 대개 국어 선생님들이셨다. 긴 고민 끝에 교사가 되기로 결정했고, 국어 교사를 거쳐 국문학 교수가 되었다. 교수로 첫발을 내디딘 80년대 전반 ㄱ 대학의 원로 교수 한 분은 늘 '국문과는 1등 학과야!'라는 코멘트를 반복하셨고, 그 말씀이 법조문에 나오기라도 한 듯 나도 학생들도 덩달아 자부심을 가졌었다.

10여 년 전, 어느 지역 고교 2학년 학생으로부터 뜻밖의 전화를 받았다. 진로 자문을 위해 찾아뵈어도 되느냐 물었다. '진로지도' 과제 해결의 목적도 겸한 듯했다. 약속한 일시에 여섯 학생이 연구실로 찾아왔다. 국문과에 진학하고 싶은 이유를 묻자 판에 박은 듯 '읽기와 쓰기를 좋아해서'라고 답했다. 점심을 함께하며 '읽고 쓰기 좋아하는 것'은 국문과 공부의 필요조건이지만 그것만으로 충분하지 않다는 점, 국문과 출신들이 교사나 어문 관련 직종에만 진출하는 건 아니라는 점, 미래에 대한 스스로의 치밀한 설계를 바탕으로 전공에 대한 깊은 이해와 노력이 결부되어야 한다는 점 등을 자세히 설명했다. 국문과에 대한 사람들의 관심이 제법 살아있을 때의 일이었다.

최근 모 대학 교수로 있는 후배의 전화를 받았다. 정원 미달로 내년부터 신입생을 뽑지 않는다고 했다. 지금의 재학생들이 졸업하고 나면 학과는 사라진다는 뜻이었다. 어떻게든 학과를 유지하거나 다른 학과와 통합하여 일부 전공만이라도 살리겠다는 교수들의 제안마저 통하지 않는 모양. 아예 없애겠다는 것이 학교 당국의 최후통첩이라 했다. 그날 밤 나는 잠을 이루지 못했다.

학과 폐지의 와중에도 한국 어문학을 배우러 오는 유학생들은 줄을 잇고 있다. '한국이니까 한국어문학을 공부하는 학과가 중요하다'는 정체성 담론보다 '멋진 미래의 개척을 위해 한국어문학을 배우는 게 좋다'는 외국인 주도 'K-언어문학' 담론이 떠오르는 요즈음. 정원을 축소해서라도 학과를 유지하는 것이 현책이다. 아울러 '인구절벽의 현실' 앞에서 자포자기보다 정부와 민간이 힘을 합쳐 한국어문학과들을 설치하도록 해외 대학들을 추동하는 미래지향적 방안도 있지 않겠는가?🪨

조선시대에도 룸살롱이?

꽤 오래전 서울 시청 뒤에 룸살롱이 번창한다는 언론 보도가 있었다. 어떤 사람들이 그곳에 출입한다고 했는지에 대해서는 기억할 수도 기억할 이유도 없었다. 그러나 룸살롱이 그때만 있었던 것은 아니다. 조선 초기로 올라가 보자. 새로 과거에 급제한 사람이 삼관三館에 들어가면 '허참면신許參免新'이라는 이른바 신고식을 치러야 했는데, 예문관藝文館이 더욱 심했던 것 같다.

신고식 겸 잔치가 끝나고 손님들이 대충 흩어져 가면 본격적인 2차가 시작된다. 신참들이 전·현직 선임자들과 함께 사이사이에 기생 하나씩을 끼고 앉는다. 술잔이 돌아가며 차례로 일어나 춤을 추되 혼자 추면 벌주를 먹인다. 새벽녘에 좌장이 술자리에서 일어나면 모든 사람이 박수하고 춤추며 <한림별곡>을 부르는데, 그 소리가 흡사 매미 울음소리에 개구리 들끓는 소리가 뒤섞인 듯 시끌벅적했다 한다. 대 문장가 성현成俔이 『용재총화』라는 책에 기록한 내용이니 거짓은 아닐 것이다. 그런 자리가 흔치 않았고 더욱이 특정 계층에 국한된 일이긴 했겠으나, 요즈음의 분위기 못지않은 룸살롱 문화는 이미 그 시절부터 이 땅에 뿌리 내리고 있었던 것이다.

술과 노래의 종류만 바뀌었을 뿐, 질탕한 분위기는 지금의 룸살롱에서도 반복되고 있다는 게 중론. 그때라고 어찌 기생이나 삐끼들의 손님 끌기 경쟁이 없었겠으며, 그 나름의 '화끈한 서비스'인들 없었겠는가. 그러니 하루 종일 조정에서 굳은 자세로 점잔을 빼던 당시의 관원들이나 숨 막히는 일터에서 시달리는 오늘날의 남정네들이 이런 자리에 빨려 들어오는 것도 이해할 수는 있다.

  하지만 아무리 못 말리는 우리 민족의 신명이 그렇게 시키는 일일지라도 그렇지. 된장찌개 끓여놓고 기다리는 쪼글쪼글 주름진 아내의 표정을 생각한다면, 룸살롱 간판만은 두 눈 질끈 감고 지나칠 일이다. 이 시대의 남성 동지들이여!🍵

추억은 힘이 세다!

볕 좋은 가을날 하교 후 '낚시광' 담임 선생님과 바닷가에 나가 망둥이 잡던 일, 한밤중 동네 형들과 참외밭에서 서리하던 일, 아버지 따라간 장터에서 짜장면 먹던 일, 이웃 누나와 옆 동네 청년 사이의 연애편지들을 배달하며 훔쳐보던 일, 아침저녁 누렁소를 바닷가 백사장 풀밭에 매어 놓았다가 끌어오던 일 등등. 고향 친구들의 모임에선 어린 시절의 추억담이 끊이지 않는다. 이젠 엊그제 일도 까맣게 잊어버리기 일쑤인데 좋든 궂든 젖 뗄 무렵부터 국민학교 졸업 때까지 경험한 일들은 또렷이 기억에 남아있으니, 신기한 일 아닌가.

이와 달리 사회 친구들의 모임에선 현실적인 이야기들이 오간다. 고향을 달리하는 이들과 나누는 건 '지금의 이야기들'이 대부분이다. '옛날'은 채색된 시간대, '지금'은 칙칙하고 껄끄러운 그것이다. 옛 추억은 알록달록 색깔을 달리하며 익어온 것들이나, 지금의 경험들은 사실성과 합리성이 중시되는, 각박한 현실의 소산이기 때문일까.

친목 도모라는 목적 외에 고향 친구들의 만남과 사회 친구들의 만남은 다르다. 전자는 어린 시절을 함께 보낸 추억과 정으로, 후자는 살아가며 이루어진 현실적 친밀감의 끈으로 각각 맺어진다. 두 관계 모두 신뢰와 정서적 유대감을 바탕으로 지속됨은 말할 필요도 없다. 돈독한 유대는 세상이란 바다를 항해하는 힘이다. 개성이나 정치적 성향 등의 다름으로 툭탁거리며 모임이 깨질 듯하면서도 그럭저럭 유지되는 것은 누구에게나 그 힘이 필요하기 때문이다.

어떤 이들은 추억을 '망각된 미래' 혹은 '시간을 초월하는 보물'이라지만, '함께 한' 시간성과 장소성의 절묘한 융합 개념으로 정의하는 것이 더 정확하리라. 망둥이를 낚으며 선생님과 나눈 이야기들, 깜깜한 밤 밭고랑을 포복하며 참외를 깨물던 형들과의 유대감, 장터 짜장면의 맛을 통해 짐작해 본 바깥 세계 등은 '시골 아이들'을 오늘의 우리들로 키워준 내면적 양식이었다. 견해의 차이로 첨예하게 대립할 때마다 누군가가 고향의 추억담을 꺼내고, 그 말에 서로 맞장구를 치는 동안 '얼음'이 스르르 녹아내리며 하나가 되지 않는가. 그러니 분명 추억의 힘은 세다고 할 수밖에 없다. 🍵

동네 도살장과 정치판

어릴 적 명절 이틀 전이면 동네 사람들이 모인 마당에서 돼지를 잡았다. 기술은 없고 힘만 넘치는 장사들 두어 명이 도끼나 큰 망치를 잡았다. 영문도 모른 채 뒤뚱거리며 우리에서 마당으로 나온 돼지는 꽥꽥거리며 젊은 장사들의 도끼질을 피해 이리저리 도망 다녔다. 관중은 흥분했고, 이곳저곳에서 훈수들이 튀어나왔다. "목을 쳐!" "이마 쪽을 쳐!" "아녀, 등을 치라니께?" 등등. 무수히 언어맞던 돼지는 결국 가쁜 숨을 몰아쉬며 쓰러지고 큰 칼이 멱을 뚫으면 선지가 분출했다. 그리고 그 첫 그릇은 동네 좌장에게 건네졌다.

가끔 참석하는 모임에서 이른바 '정치 이야기' 때문에 큰 싸움을 벌인 적이 있다. 그 후론 정치 이야기 하는 사람은 퇴출하기로 무언의 합의를 보았다. 모임의 '탈정치화'가 시작된 것. 정치가 뭐길래, 소꿉친구들의 모임에서까지 문제를 일으킨단 말인가.

우리는 '정치인들과 그들의 행태에 관한 모든 것'을 정치의 전부로 알아 왔고, 지금도 그렇다. 담론談論이랄 것도 없는 무잡無雜한 말들의 핵심에는 정치인들이 있고, 그들은 '죽일 놈과 살릴 놈'으로 나뉜다. 목소리 크고 주먹 강한 사람들에 의해 '죽일 놈'으로 지목된 정치인은 명절의 '죄 없는 돼지'처럼 이곳저곳 무자비하게 언어맞는다. 그러면

흥분한 구경꾼들은 물색도 모르고 목청을 높이는 것이니, 그곳에 '담론의 체계'가 있을 리 없다. 그 말들이 성능 좋은 확성기로 열린 공간에 뿌려질 때마다 동네 구경꾼들은 무시무시하게 눈을 부릅뜬 채 몰려드는 것 아닌가.

도살장의 돼지는 고통 없도록 다루어야 할 고귀한 생명체도, 그의 고기와 피로 우리를 살찌워줄 고마운 존재도 아니다. 그저 '살육의 대상'일 뿐. 그가 나와 가까운 존재인가, 아니면 내 공동체의 힘 있는 나팔수가 시키는 대로 죽여야 할 대상인가가 빗나간 정치인들의 관심사일 뿐이다. 나동그라지는 그의 시신을 보면서 그의 가슴과 머리에 무슨 생각과 열정이 있었는지 보고 싶지도 않은 것이다.

'까닭 모르게' 미운 정치인을 도살장에 몰아넣고 휘두르는 증오와 폭력을 정치 행위의 핵심으로 알고 있는 것이 동네 도살장의 모습을 벗어나지 못하는 우리 수준이다.🍶

사람으로 사는 죄

　'고양이와 개 학대' 사건들이 끊임없이 뉴스를 탄다. 세월은 좋아졌다는데, 우리는 왜 동물들에게 여전히 잔인할까. 어릴 적, 등교 전 누렁소를 풀밭에 매어 놓았다가 하교 후 데려오는 일이 내 임무 중 하나였다. 그 소는 매년 송아지를 낳았고, 송아지는 생후 반년 뒤쯤 팔려 가곤 했다. 떠나기 며칠 전 송아지 목에 밧줄이 걸리면, 어미 소는 이별을 직감하고 식음을 전폐한 채 허둥댔다. 송아지 끌고 갈 소 장수를 보는 순간, 어미는 말뚝에 묶인 고삐가 끊어져라 뱅뱅 돌며 슬프게 울부짖기 시작했다. 자식에 대한 집념이 체념으로 바뀔 만한 기간이 지나서야 울부짖음은 겨우 잦아들었다. 그런 어미 소도 나이 들면 팔려갔다. 으레 도축장으로 끌려갔음을 알기에, 어린 나는 심한 마음 병에 시달려야 했다.

　기계화된 지금, 더 이상 농사용 소는 필요 없는 걸까. 축사에서 사료 먹여 키운 뒤 출하出荷하는, 이른바 '기업형 축산'의 시대가 도래했다. 빨리 살을 찌워 시장에 내놓아야 이익이 커지는 사업일 뿐이다. 그러니 '살코기'의 생산만이 소들의 생존 이유다. 영민한 그들이 자신들의 운명을 어찌 모를까.

　개에 관한 쓰라린 기억도 갖고 있다. 하굣길 산모퉁이 공터. 왁자지

껄 어른들이 모여 있었다. 나무 거치대에 목이 매달린 개 한 마리가 매를 맞으며 마지막 신음을 토하고 있었다. 어른들을 막아설 수 없어, 눈물 흘리며 하릴없이 돌아서야 했다. '죽도록 맞다가' 숨이 끊어졌음을 나중에 들었다. 개는 '때려잡아야' 고기가 연하고 맛이 좋다는 것. 그 뒤부터 그곳에 있던 어른들에겐 인사도 하지 않았다.

돌아온 전원. 동물들과 공존하며 처참했던 '살육의 추억'을 때때로 떠올리곤 한다. 지금 그들과 '진정으로' 교감하려는 것은 마음의 상처를 치유 받고 싶어서다. 맹자는 누구에게나 '불인인지심(不忍人之心·차마 남에게 잔인하게 하지 못하는 마음)'이 있다 했고, 주자朱子는 천지 만물이 그런 마음을 가진 것처럼 사람 또한 이 마음을 가졌다고 해석했다. 타인은 물론 동물의 아픔까지 공감하려는 최소의 노력만이라도 기울인다면, '사람으로 사는 게 죄'라는 '참회 성 발언'의 단순 반복으로 해소되지 않는 '잔인함의 죄의식'에서 얼마간 자유로울 수 있지 않겠는가. 🍵

'시절'로 낙인찍힌 날

    동네 배추밭들에서 배추가 사라진 건 대략 2주 전쯤. 김장철이 저만큼 지났단 뜻이다. 추운 날은 추워서, 바쁜 날은 바빠서, 어쩌다 보니 김장 때를 놓치고 말았다. 근처에 사시는 고향 어른 한 분이 찾아오셨다. 허물없이 지내는 분으로, 오래전 고향에서 이 지역으로 출가하신 분이다.

- 어른: 짐장 안 허넝겨~?
- 나: 헤야지유.
- 어른: 슨달 그뭄이 넬 모린디 원제 헌댜~?
- 나: 그럼 허야겄네유. 첫눈 오걸랑 헤볼까 헸지유.
- 어른: 별 시절겉은 사람 다보겄네~! 빨리 허여, 이 사람아.

    주섬주섬 배추들을 도려 창고 안에 뉘어놓았으나, 우리네 굼뜬 동작으로 저 배춧잎들 시들기 전에 버무릴 수 있을지 자신은 없다. 옛날엔 김장을 '반양식'이라 불렀다. 그저 곡식과 김장만 있으면 목숨 부지해 나갈 수 있다는 뜻이다. 특별한 건건이가 없어도 간 맞는 김장만 있다면, 식사를 준비하는 사람도 먹는 사람도 군말 없이 한 끼를 넘길 수 있기 때문이었다.

그건 그렇다 치고, 내 관심은 그 어른이 쓰신 '시절'이란 말. 내 고향 태안 사투리다. 어릴 적 고향 어른들은 '시절'이란 말을 입에 달고 사셨다. '바보 천치'라는 의미의 멸칭蔑稱임은 분명하나, 그 말과는 분위기가 사뭇 다르다. '바보 천치!'라는 말을 들으면 마음의 상처를 입지만, '시절!'이란 말을 들으면 역으로 동지 의식을 느끼며 깨달음을 갖는 것이 태안 사람들이다. 매서운 질타보다는 따스한 어루만짐을 담은 말이 바로 '시절'인 것이다.

어디서 온 말일까? 내 경험으로 유추한다면, '시절(때/계절)도 모르는 사람'에서 왔을 것이다. 모든 농작물은 때에 맞게 심고 가꿔야 한다. 이른 봄에 심어야 할 것을 초여름에 심는다면, 그 친구야말로 '시절도 모르는' '시절'일 수밖에 없지 않겠는가. 시절도 모르고 김장배추를 밭에 방치했다가 '시절'로 낙인찍힌 오늘이다.🍡

가짜 농부의 자존심

농작물을 키우는 건 '전원살이'의 기본이다. 전원의 이웃들은 농작물을 매개로 대화를 나눈다. 태어난 농촌을 일찍 떠나 도시의 노마드로 살아왔고, 은퇴 후 되돌아온 나다.

최근 텃밭에 배추 100여 포기를 심었으나, 심한 더위에 모종들이 말라 죽어 그때마다 보식補植이나 할 뿐 마땅한 대책이 없었다. 이웃들의 무성한 밭과 군데군데 구멍 뚫린 내 밭을 비교하며 마음만 타들어 갔다. 이웃들이 훈수하려 할까 봐 해 뜨기 전과 해 질 무렵 살그머니 밭에 나가는 건 알량한 자존심 때문이었다. 솔직히 '이것 봐라!' 하며, 농사로 뼈가 굵은 이웃들에게 내 농작물을 보여주고 싶은 마음이 컸다.

'이보게, 자네 요새 김장해 봤나? 절임 배추 십만 원어치만 주문하면 두 식구 겨우내 먹고도 남어~!' 최근 서울의 한 친구는 내 가슴앓이를 조롱했다. 그러나 나는 들은 척도 않고, 배추밭에 매달렸다. '네 멋대로 떠들어라. 나는 내 길을 가련다'고 선언한 셈.

실용 만능 시대인 요즘, 시절에 적응 못하는 나 자신을 연구 중이다. 어릴 적 중학 과정을 마친 학력인정학교는 '농축기술학교'였고, 학과

목 중 '농업'은 필수였다. '식량 확보' '논에 물 가둠을 통한 홍수 예방' '정서적 안정' 등 벼농사의 장점들이 기억에 남아있는 학습 내용의 한 부분이다. 당시 나는 '정서적 안정'을 거론한 농업 교재가 우습다고 생각했었다. 모를 심은 뒤 풀을 뽑고 비료를 뿌리며 해충을 방제하는 고역 끝에 수확하는 게 (벼)농사의 대강인데, '정서적 안정은 어불성설'이라고 무시했던 것이다.

'왜 그리도 농사에 집착하는 겨~?' 친구는 다시 물었다. 투입 재료비와 노동력 등을 생각하면 사 먹는 게 훨씬 싸다는 그의 말에 공감하면서도, 언제부턴가 자라나는 농작물을 보며 돈으로 따질 수 없는 즐거움과 보람을 느끼게 되었고, 이웃들의 밭과 비교하며 경쟁심도 생겼다. 그러면서 내 마음이 옛날 농업 시간에 배운 '정서적 안정'과 직결됨을 깨달았다. 그 자체가 생명 존중으로 이어지는 생태학적 사고의 핵심이라고 자부하는 요즈음이다. 도회에 살다가 전원에 돌아온 입장이라면, 자신의 정체성부터 확인하는 것이 필요하지 않을까.

'응크지근한' 이 마음

이웃 동네 할머니 한 분이 이 동네로 마실 오셨다가 닭장 앞에 서 있는 내게 다가오셨다. 가끔 길에서 만나 뵐 때마다 안부를 여쭸더니, 얼마 전부터 허물없이 대해주시는, 붙임성 그만인 어른이다.

- 할머니: 저 오골계덜은 뭣 헐러구 안 잡아 먹는댜~?
- 나: 우리 식구덜인디 워치게 잡아먹어유?
- 할머니: 잡어먹구 나면 메칠 응크지근허다 말것지.
- 나: 할머니 고향이 워디셔유?
- 할머니: 고향은 웨 물어? 태안이여.
- 나: 아하, 그러시군요. 저넌 응크지근한 마음이 한 번 생기면 일생 가요.
- 할머니: 시상살이 응크지근한 게 워디 한 두가지겠어? 사는 건 모두 응크지근헌 겨. 응크지근헌 맴이 읍스면 사람이간디?

사전에도 없는 '응크지근하다'는 말. 어릴 적 고향 어른들은 말끝마다 이 말씀을 쓰셨다. 어릴 적 언젠가 어머니는 '친정 조카가 지나넌 길에 들왔넌디, 밥 한 그륵 멕여 보낼걸 기냥 보내서 응크지근허구먼'이란 말씀을 하셨고, 또 다른 언젠가는 '이달 스무하루 친정 옴마 지삿

날 빈 손 치구 갈라니께 응크지근허여 큰일났시오' 라는 말씀을 하신 것으로 내 기억에 저장되어 있다. 이처럼 느낌은 알겠으나, 지금껏 말 뜻을 알지 못했던 말들 가운데 고향 어른들이 자주 쓰시던 말이 '응크지근'이다. 동향 출신 할머니에게 이 말을 다시 듣고 나름대로 의미를 정리해 보았다. '응'은 '응어리'의 그것일 것이고, '크'는 '크다'의 그것일 것이며, '지근하다'는 '무겁다·묵직하다'의 뜻으로 쓰이는 '무지근하다'의 그것일 것이다. '응어리질 만큼 마음이 크게 무겁다' 쯤으로 해석될 수 있지 않을까. 서해안 특히 태안 지역 방언은 충남의 다른 지역 방언들과 다른 양상을 보여준다. 방언학을 하는 사람들이 태안 방언의 특성에 무관심한 이유를 알 수 없다.

그나저나 '오골계들을 잡아 먹으라'는 말을 수십 번은 더 들었으니, 이 응크지근한 맴을 워찌 해야 헐지 모르것네~!☕

도깨비 씨름판과 몽당빗자루

국민학교 시절, 등교한 아이들의 일상적 관심사는 뻔했다. 누가 '팔뚝만 한 망둥이를 잡았고, 누구네 소가 송아지를 낳았으며, 누구 누나가 이웃 마을로 시집간다'는 등 자잘한 사실들을 빼면 늘 귀신과 도깨비 이야기만 남았다.

'힘이 최고'라는 믿음 때문이었을까. 우리는 툭하면 씨름을 즐겼다. 무서우면서도 친근하던 도깨비의 습성과 무관치 않은 일이었다. 당시 고향 마을 도깨비 이야기의 중심 내용은 씨름과 관련된 것들이었다. 동네 장정 한 사람이 한밤중 서낭당 고갯마루에서 도깨비를 만났다. 그가 다짜고짜 씨름을 걸어왔다. 그를 이기지 못하면 장정은 죽게 되어 있었다. 장정은 굳은 마음으로 도깨비의 허리춤을 잡았다. 마을의 씨름 장사와 전설적 씨름꾼 도깨비의 '심판 없는' 일전이 심야에 벌어진 것. 밤새 끙끙대며 씨름이 계속되는데, 아랫마을에서 새벽닭 우는 소리가 들려왔다. 그러자 도깨비는 스르르 손을 풀곤 냉큼 사라졌다. 장정이 비 오듯 흐르는 땀을 훔치고 정신을 차려보니, 자신이 수십 년 된 몽당빗자루 하나를 끌어안고 있는 게 아닌가. "아뿔싸! 내가 밤새 씨름한 상대가 고작 이 몽당빗자루였단 말인가?" 허탈해진 그는 다음 날 마을의 몽당빗자루들을 모두 수거해 불태웠다.

지금 온 국민이 두 편으로 갈려 '도깨비 씨름판'을 벌이고 있다. 어느 쪽이든 자신을 인간으로 상대편을 도깨비로 여기지만, 도깨비가 누군지는 심판만 안다. 이야기 속 인간은 승자이고, 모호하긴 하나 도깨비는 패자로 설정되어 있다. 거창한 구호 아래 모든 것을 걸고 싸우지만, 허무하게도 늘 미완의 싸움 끝에 남는 건 '몽당빗자루'다.

　인간 세상에 영속되는 건 없고, 이데올로기 또한 인간의 불완전한 마음이 허구해 낸 논리일 뿐. 아무도 나를 위해 유토피아를 만들어 줄 수 없음을 깨닫기까지 이토록 긴 시간의 지저분한 투쟁과 끔찍한 거짓 언설言說들이 필요했던 것일까. 인성人性·지성知性 모두 엉망임이 시시각각 드러나는 지금, '도깨비방망이'를 휘두르며 혹세무민하는 영악한 소인배들을 보라. 자신들이 산골의 심야 '도깨비 씨름판'에서 새벽빛을 감지하고 놀라 널브러지던 몽당빗자루에 불과함을 언제쯤이나 깨달을 것인가.🍵

청춘들의 길 찾기, 방해하지 맙시다!

　'교사의 길을 걸었지만, 그 길이 내 최선은 아니었네.' 말년에 모신 식사 자리에서 존경하던 은사님은 고백하셨다. 제자가 흔들리지 않을 만큼 나이를 먹었으니, 괜찮으리라 생각하신 걸까. 망설임 없이 선생님을 '롤모델' 삼아 이곳까지 걸어온 제자는 뭐란 말인가. '바꿈'이 가능한 시점에 최선의 길을 고민했어야 하는데, 흘려보낸 다른 길들의 소중함에 가슴이 저려왔다.

　30리 밖의 학교들을 종종걸음으로 걸어 다닌 어린 시절. 반은 돌투성이의 산길, 나머지는 질퍽거리는 들길이었다. 쓰라림으로 점철된 청년기의 '거친 길들'도 있었다. 길에 대한 고민이 컸으나 둘러보면 산과 들판뿐, 방향을 알려주는 작은 이정표 하나 없었다. 길 찾기의 고행만 면제된다면, 어느 길이든 탄탄대로일 것 같던 그 시절. 은사들 외에 마땅한 안내자도 없었다.

　30여 년 전 어느 해 학기 초. 당돌한 학부 신입생 한 명이 연구실로 찾아왔다. '미래에 교수가 되고 싶은데 대학 생활을 어떻게 해야 하는가' 물었다. 신입생이 던질 만한 물음이 아니어서 당황스러웠다. '공부하는 선배들과 교수들을 보며 자신의 길을 스스로 찾아야 한다'고 얼버무리는 것 외엔 정답이 없었다. 꽤 오랜 세월 뒤 전혀 다른 길로 접어들어 성공적인 삶을 살고 있다는 그의 소식을 들었다.

　인간에겐 각자의 길이 있다. 모두를 위한 '단 하나의 길'은 존재하지 않는다. 니체(F.W.Nietzsche)의 말이다. 길을 잘못 들어섰다가 고생 끝에 자신의 길을 찾는 이들이 적지 않다. 그렇다고 '잘못 들어섰던 길'이 무익한 것만은 아니다. 잠시나마 그런 길을 걸어보았기에 제대로 된 길도 찾을 수 있었으리라. 어느 시대든 사회·경제적으로 보장된 분야들이 있다지만, 모든 젊은이들이 원하거나 모두에게 열려있는 것도 아니다. 교직 생활 중 만난 제자들은 지금 다양한 길을 걷고 있다. 그들에게 길에 관한 이야기를 건넨 기억은 뚜렷하지 않다. 그럼에도 그들은 자신들의 길을 잘 찾아내지 않았는가. 부모든 선생이든 자신들이 알고 있는 '뻔한 길'을 젊은이들에게 강요하여 그들 스스로의 길 찾기를 방해하지 말아야 한다. 누구에게든 길은 준비되어 있기 때문이다.🍵

'지식잔치'가 사라지면?

최근 어느 연구소의 학술발표회. 연 4회 열던 발표회를 한 차례로 줄인 바로 그 행사였다. 몇 년 전까지는 발표자와 토론자 외에 관심 있는 인사들도 찾아와 그리 썰렁하진 않았으나, 이 행사는 달랐다. 기획이 신선하고 난방도 '빵빵한' 공간에 발표자와 토론자들, 행사 진행자 서너 명이 전부. '폭망' 수준이었다.

1970~80년대, 대표학회의 학술대회는 대부분 서울의 대학들에서 열렸다. 버스를 갈아타면서 대회가 열리는 강당에 도착해보면, 열기가 대단했다. 명성이 학계를 뒤덮던 원로 학자들이 앞줄에 좌정해 있었고, 중간쯤에는 서슬 퍼런 중진들이, 뒤에는 예기(銳氣)의 신진들이 사바나의 맹수들처럼 포진하고 있었다. 대회장에 들어서서 먼저 원로들에게 인사를 드린 뒤 자리를 찾아가는 모습도 아름다웠다. 뒤쪽에 선 채 발표를 경청하는 사람들도 적지 않았고, 밖에는 출판사들이 전공 학술서와 자료집들을 그득 진열해 놓고 있었다.

신진에게 이런 행사는 학계에 자신을 '상장하는' 절호의 기회였지만, 어지간한 배짱 아니고서는 그 '살벌한' 분위기에서 논문을 발표하기란 쉽지 않았다. 원로와 중진의 안목에 논문의 허점이 안 보일 리 없었고, 무엇보다 그 약점들은 발표자 스스로 잘 알고 있는 법. 그 부분을 간파한 좌중으로부터 날카로운 질문 세례를 받을 때의 곤혹스러움이야 무슨 말이 필요하랴. 공개된 무대에서 흥분과 좌절을 경험하며 패기와 투지를 바탕으로 연구 역량을 다져가던 시절이었다.

이렇게 예전의 학술발표회는 학문 동업자들이 교유하던 '잔치'였다. 그러나 이젠 좋은 기획을 해도 사람들이 찾지 않는다. 학회가 많이 늘어난 이유도 있으나, '코로나'로 비대면 발표에 의존하면서 그런 현상은 더욱 심해졌다. 대면 발표회는 구시대의 유물이 되어가고, 원로와 중진·신진 및 후속 세대가 함께 벌이던 '학술의 난장'은 이미 사라졌다. 논문들이 데이터베이스에 탑재되어 온라인으로 공급되는 시대. 발품 팔며 현장에 가려는 사람도 별로 없다. 이렇게 잔치는 사라지고 있는가. 혼자 하는 게 학문이어서 이제 '장터'는 필요 없다지만, 이건 정말 말이 안 된다!☕

죽은 선비의 사회

"선비란 하늘이 내린 지위이므로, 천자라 할지라도 그의 몸은 죽일수 있지만 그의 뜻만은 빼앗을 수 없다." 구한말舊韓末의 꼿꼿했던 선비 유중교(柳重敎, 1832~1893)의 말이다. 선비정신이 방부제 역할을 해준 덕분에 조선왕조는 그럭저럭 500여 년을 유지할 수 있었다고나 할까.

학문과 인격을 함께 갖춘, 창조적 소수들이 바로 진정한 선비들이다. 임금이 어리석음과 탐욕의 길로 들어설 때 목숨을 걸고 충간하던 그들이 있었기에 사직을 지탱해 나갈 수 있었다. 선비에겐 언제나 명예와 죽음이 함께 붙어 다녔다. 그래서 선비를 나라의 원기元氣라 했다. 인간으로서 지켜야 할 도리, 나라의 만년대계, 백성들의 행복한 삶은 선비들이 지켜야 할 큰 의리이자 추구해야 할 이상이었다. 기회가 주어질 경우 세상에 도움 될 만한 일을 행하고, 물러나서는 후세에 모범 될 만한 말이나 행동을 남기는 것이 그들의 임무였기 때문이다.

예나 지금이나 가짜 선비들은 모래알처럼 많고, 실제로 그들이 나랏일을 좌우한다. 알량한 몇 낱의 지식과 위장된 충성심으로 권력자에 기생하여 사리사욕을 채우는 자들. 그들은 어리석은 군주의 눈과 귀를 막고 국정을 제멋대로 휘저으면서도 그럴듯한 명분으로 위장하는 데 능숙하다. 반성할 줄 아는 것은 선비의 도리요, 사회의 계층들을 조화시키는 것은 선비의 임무다.

그러나 지금은 이념이나 대의를 버리고 모두 제 잇속 챙기기에만 혈안이 되어 있는 시대다. 권력자에게 빌붙어 마음에 없는 말로 아첨하고, 일반인들로서도 듣기 어려운 육두문자나 억지 논리를 농하는 정치인들에게서 '목에 칼이 들어와도 할 말을 하는' 선비의 모습을 상상할 수는 없다. 그러니 언제까지 가뭄 속에서 하릴없이 하늘만 쳐다보듯 '죽은 선비의 사회'에 사는 민초들은 이 시대의 진정한 선비들이 나타나기만을 속수무책으로 기다릴 수밖에 없는가.

'느림'의 경제 가치

얼마 전, 바쁜 일로 차를 몰고 가던 면 소재지 중앙로. 앞쪽의 차들이 무슨 연유인지 움직이지 않았다. 답답한 마음에 추월하던 중 삐져 나오는 앞쪽 두 번째 차와 접촉하고 말았다. 보험사가 출동하기까지 긴 시간이 걸렸고, 차체 수리에도 며칠이 걸렸으며, 돈도 꽤 들어갔다. 조급함의 결과였다.

국민학교 저학년 시절 어느 날. 학교 파한 뒤 고픈 배를 부여안고 고갯길 넘어 터덜터덜 걸어오는데, 갑자기 천둥소리를 내며 스쳐 지나간 무언가가 있었다. 길섶에 털썩 주저앉아 마음을 안정시키느라 긴 시간을 보냈다. 나중에 알아보니, 그게 바로 '오토바이'라는 것이었다! 말도 느리고, 밭 가는 누렁소도 느린 그곳. 모든 것이 '느려터진' 시골에서 처음으로 '빠름'의 놀라운 실체를 경험했다.

오토바이의 무서운 속도를 목격한 날, '좀 더 빨라지고 싶다'는 소망을 일기에 적었다. 언제부턴가 마음이 초조해졌고, 나를 에워싼 '느림'의 분위기가 싫어지기 시작했다. 내가 나고 자란 농경문화를 가까스로 탈출, 산업화가 무섭게 진행되던 대도시로 나오면서 '빨리빨리'는 내 행동 지침이 되었다. 정보화 단계에 들어서면서 말까지 빨라졌다. 논문과 책 쓰기도 예외는 아니어서 오류가 많아진 건 당연했다. '빨리빨리'의 비용이 만만치 않다는 사실, 우리나라도 나와 비슷하다는 사실을 깨달은 건 최근이다. 어찌어찌 어린 시절 그렇게도 싫어했던 '느릿느릿'의 전원으로 돌아오게 되었다. 도시의 '어린이 보호구역' 대신 '노인[혹은 어르신] 보호구역'이란 글자들이 도로 곳곳에 누워있는 곳이다.

　내가 만약 '느림보 운전'으로 그곳을 지났더라면, 어떻게든 그날 일들을 마쳤을 것이며 돈도 시간도 버리지 않았으리라. 처음부터 '찬찬히' 했더라면, 논저들의 오류도 많이 줄였으리라. 농경문화에서 고도 지식정보화 사회로 뜀뛰듯 건너온 우리 사회가 버린 것이 '느림'이다. 노인보호구역의 제한 시속 30km는 누군가를 배려하고 이해하며 충분한 공감을 나누는 '느림'의 상징이다. '느림'은 뒤처지는 속도 개념이 아니라, '꼭꼭 다지며 걸어가는' 조심성의 함축어다. 이제 우리도 진정한 '느림의 경제 가치'를 논할 단계가 되지 않았을까.🍰

국격의 첫 조건은?

　유럽 여행 중 식당에선 어깨에 멘 카메라나 가방을 늘 앞쪽으로 모은 채 음식을 먹었다. 곁에 빈 의자가 있어도 내려놓지 않았다. 누군가 벗겨가거나 집어 가니 조심하라는 충고에 따른 일. 그리이스 파트라스(Patras) 항으로부터 이탈리아 바리(Bari) 항에 도착하여 입국심사를 받던 중 만난 경찰관은 소매치기 조심하고 자동차 문 잘 잠글 것을 강조했다. 경찰관이 외국인에게 자국민을 조심하라고 당부하다니! 그 경찰관은 자국민의 염치없음을 우리에게 홍보한 셈이었다.

　어렵던 시절, 남의 집에 손님으로 가기를 꺼렸고, 손님을 맞는 입장은 더했다. '여름 손님은 호랑이보다 무섭다'는 속담도 있지 않은가. 어느 집에 손님이 왔다. 다음 날 그가 변소에 가는데, 돌아가는 것으로 착각한 주인이 기쁜 어조로 '벌써 가려고? 며칠 더 있다 가지.'라며 마음에도 없는 말을 건넸다. 차마 변소에 간다고 말하지 못한 그는 '집에 일이 있어서요.' 핑계 대며 그 길로 떠났다는 '웃픈' 일화가 있다. 피차 속내를 드러낼 수 없었던 건, 염치 때문이었다.

　감언이설로 남의 재물을 편취騙取하는 사기꾼들과 권력으로 사법당국을 옥죄려는 범죄 정치인들. 염치가 아예 없었거나 몰각沒却한, 동격의 군상群像들이다. 염치를 갖춘 우리에게도 '청소해야 할' 그런 인간들은 적지 않다. 외국인들이 꼽는 한국 여행의 최대 매력 포인트가 있다. 밤에 자유로이 다닐 수 있고, 어딜 가든 소매치기당할 일 없다는 점. 아직 우리에게 염치가 남아있다는 증거다. 내가 여행한 나라들은 세칭 선진국들이었으나, '소지품 조심하고 밤에 나다니지 말라!'는 당부를 그 나라 사람들로부터 늘 들어왔다.

맹자는 본성의 4덕[인·의·예·지] 중 의義의 단서를 수오지심羞惡之心 즉 부끄러움을 아는 마음이라 했고, 그 마음이 없으면 인간이 아니라고도 했다. 맹자의 기준대로라면, '사기꾼이나 범죄 정치인'들은 인간이 아니다. 그런 자들이 인간일 수 없듯 염치없는 국민의 나라들은 진정한 선진국이 아니다. 아이들에게 '체면을 중시하고 부끄러움을 아는 마음'만 제대로 가르쳐도 조만간 명실상부한 선진국이 될 수 있다. ☕

쉽게 쓰는 게 좋은 글이다!

　학창 시절부터 최근까지 많은 선생님들을 만났다. 글을 쓸 때 해당 분야의 개념적 식견을 중시하는 분, 개인의 아이디어를 중시하는 분, 간결하고 쉬운 문장을 요구하는 분, 앞뒤 호응 관계의 문제만 없으면 긴 문장도 괜찮다는 분 등 취향이 다양했다. 그런 점은 당신들의 글에도 고스란히 나타나 있었다. 최근 접한 어떤 은퇴 학자의 글은 쉽지 않은 개념들의 집합이었다. 화들짝 놀라 되짚어본 내 글들에도 그런 오점들은 무수했다!

　오래전 어느 신문으로부터 시론을 청탁받은 적이 있다. 필자로 참여하기는 처음인 내가 미덥지 못했던 것일까. 원고를 청탁하며 '신문의 글은 초등학교 6학년생도 읽을 수 있어야 합니다.'라고 덧붙이던 기자의 말을 잊을 수 없다. 학자풍의 어려운 글 쓸 생각일랑 아예 버리라는 경고성 부탁으로 굳이 '초등학교 6학년생'을 끌어온 것이었으리라.

　언제부턴가 청탁받은 글을 마무리하면 곁에 있는 아내에게 읽히고 그의 표정을 살핀다. 시큰둥하거나 고개를 갸웃하면 불합격, 밝아지거나 끄덕이면 합격이다. 무엇보다 추상적이고 현학적인 말들, 막말 투의 정치적 표현들이 보이면 가차 없다. 시를 지을 때마다 동네 노파에게 읽힌 뒤 이해하면 기록해 두고 이해하지 못하면 쉽게 고쳤으므로, 당나라 말기 시가 비리(鄙俚·풍속 혹은 언어가 속되고 촌스러움)해졌다는 백거이白居易 일화가 석혜홍釋惠洪의 『냉재야화冷齋夜話』에 기록되어 있다. 과문하기 때문일까. '비리하다'는 혜홍의 말처럼 지금껏 천재 시인 백거이 문학을 부정적으로 평가하는 우리 시대의 연구자를 본 적은 없다.

　말을 대신하는 것이 글이다. 장소와 시간을 넘어 많은 사람들을 상대할 수 없으니 말 대신 글을 활용할 뿐. 그러나 다양한 미디어가 난무하는 요즈음, 말만 성하고 글은 쇠해지는 중이다. 학식이 풍부한 인사들의 글일수록 쉽고 담담한 이유는 무엇일까. 공부로 얻은 것들을 충분히 소화한 뒤 '자신의 말로' 전달하기 때문이다. 어려운 글을 통해 공부의 깊이나 사회적 지위를 과시하는 시대는 지났다. 평생 글을 써왔지만, 살기 위해 소통하고 소통하기 위해 쉽게 써야 함을 비로소 깨닫는다. 만각晚覺이다. 🍵

지식인들의 절도행각

어느 신문에 '논문 표절은 학문 테러'란 제목의 시론을 발표한 적이 있다. 몇몇 학자들의 표절剽竊로 나라가 국제 망신을 당한 사건을 비판한 글이다. 그 후에도 표절은 확산되었고, 수법 또한 교묘해졌다. 쉽게 자행되고 확산되며 눌러도 되살아나는 점에서 표절은 인터넷 시대의 고질병이다.

두 해 전 포털에서 낯익은 내용의 글을 목격했다. 어떤 책의 독자가 저자를 칭찬하며 쓴 글이었다. '아니, 이건 내가 쓴 책 내용인데?' 득달같이 그 책을 구입하여 펼쳤다. 과연 내 책의 핵심 내용이 감쪽같이 그의 말로 바뀌어 있었다. 각주가 있을 리 없고, 글과 상관없는 형식적인 몇 건의 논저들을 참고문헌으로 제시한 맨 아래쪽에 내 책은 숨기듯 적혀 있었다. 문제가 되면 도망갈 요량의 비상 탈출구였을까. 시종 내 글을 자신의 것인 양 시침 떼고 있었다. 무명의 한사寒士라고 깔본 듯했다. 멀쩡한 지식인의 프로필을 갖고 있는 그. 이미 그런 책들을 몇 권 펴낸 점으로 미루어 희생자는 더 있었을 것이다.

요즘 표절은 어떻게 진화했을까? 새로운 형태의 표절이 눈에 띤다. 세상을 떠난 분들도 표절 범죄의 표적이 되고 있음을 확인한 것. 그분들에겐 눈과 입이 없으니, 별문제 없으리라 믿었으리라. 글을 읽던 중 의심쩍은 부분들이 있어 되짚어가니 작고하신 선학의 글이 표절자의 문체로 교묘하게 바뀌어 있었다. 그의 수법이 매끄럽지 못해서였을까. 이규보李奎報의 이른바 '졸도이금체(拙盜易擒體·서툰 도둑이 쉽게 잡히는 식의 문체)' 부류였다.

표절은 지식사회의 오래된 폐습이다. 명나라 유거경游居敬은 자구의 기발함과 편장의 비슷함을 표절·모의模擬하지만, '양질호피(羊質虎皮·겉모양만 꾸미는 것)의 비웃음에서 벗어날 수 없다'고 비판했으며, 나손 김동욱 선생은 '아이디어 표절이 가장 악질'이라고 자구 베끼기를 넘어 생각 자체를 훔치는 지식인들의 도둑질을 꾸짖곤 했다. 인간의 능력이 거기서 거기일 것이니 완벽한 창작이 어디 있겠으며, 아이디어든 문장이든 남의 것을 베껴 자신의 것으로 삼는 일에 눈 한 번 질끈 감아주는 게 어떠냐는 값싼 아량이 우리 사회의 문화지체文化遲滯를 가속화 시켜온 주범 아니겠는가. ☙

거짓뉴스의 달콤한 유혹

『삼국유사』 '맛동설화(서동설화·薯童說話)'의 한 부분. 신라 진평왕의 딸 선화善花가 아름답다는 소문을 듣고 경주에 잠입한 맛동이 아이들에게 마를 주며 '선화와 자신의 사통私通' 노래를 부르게 했다. 널리 퍼진 그 노래 덕으로 맛동은 결혼에 성공했다. 맛동과 선화의 사통은 이른바 '허위 정보' 혹은 '거짓뉴스'였던 셈. 맛동이 만든 거짓말이 매체인 아이들의 노래를 통해 널리 번졌고 장본인이 소망을 이룬, 일견 '유쾌한 사건'이다.

태조 이성계의 위화도 회군 시, '목자가 나라를 얻는다[목자득국·木子得國]'는 노래가 민간에 돌면서 남녀노소·군민軍民 모두 불렀다. '목자'는 '이李'의 파자破字이니, 이성계가 나라의 왕이 된다는 뜻. 무소불위의 군권을 쥐고 있던 이성계와 그의 세력이 기획한, 거짓뉴스이자 치밀한 여론 전술이었다. 이성계 측의 허위 정보는 매체 역할을 하던 백성들의 입을 통해 확산되어 역성혁명의 합리화에 도움을 주었으니, 성공적인 결과였다.

백성의 성향과 여론의 향방을 내다본 기획자들의 치밀한 계산이 두 사건을 성공으로 이끌었다. 옳고 그름에 대한 판단을 뛰어넘어 그들의 의도는 '어리석은' 백성을 감쪽같이 속일 만큼 교묘했던 것. 맛동 사건은 대략 6세기, 위화도 회군은 14세기의 일이니, 두 사건은 800년의 시차를 두고 일어났으며, 위화도 회군은 '패권 다툼'이 진행되고 있는 지금으로부터 637년 전 일이다. 시차들이 긴 것은 사실이나, 그 사이 겉모습만 다를 뿐 실제 판박이 구조의 거짓뉴스들은 수없이 양산되어 왔고, 지금도 마찬가지다.

전대미문의 혼란이 벌어지고 있는 지금. '레거시 미디어(legacy media)'들과 '소셜미디어' 매체들의 공존으로 언론 환경 또한 크게 복잡해졌다. 거짓뉴스의 달콤한 유혹을 떨치지 못하는 과거 대통령 탄핵 사건의 수혜 집단이 6세기 혹은 14세기의 '동요' 수준에도 한 참 못 미치는 3~4류급 스토리들을 양산·배포하면서 또 하나의 탄핵을 성공시켰고, 그 수법은 여전히 사용 중이다. 급기야 '가짜뉴스 파출소'를 차리겠다는 적반하장식 코미디까지 등장한 현실. 그들의 머리 위에 앉을 만큼 뛰어난 지적 수준과 판단력을 지닌 집단지성과 대중은 앞으로 어떤 반응을 보여줄 것인가.🍵

<용비어천가>라도 제대로 읊자!

　작년 말, '환경·사회·지배구조' 통합을 핵심 가치로 삼아 기업의 '지속가능성'을 추구하는 어느 학회로부터 강연 요청을 받았다. 주제는 '<용비어천가>[이하 <용가>]와 풍수風水 의식'. <용가>는 변함없는 내 연구 대상 중 하나이고, 풍수는 그 학회의 핵심 가치 중 환경과 직결된 사안이다. 어찌 환경뿐이랴? 요청을 받자마자 이상적 '거버넌스(governance)'의 합리적 진술이자 '지속가능성'의 바이블이 <용가>임을 알려주고 싶은 의욕이 솟구쳤다.

　'<용비어천가>를 모독하지 말라'는 제목의 시론을 발표한 것이 20년 전의 일. 그때나 지금이나 정치판의 '못난이들'은 늘 힘 있는 보스에게 아첨을 일삼고, 그럴 때마다 지식인들은 '<용가> 읊지 말라'고 꾸짖기 일쑤다. 분명 <용가>를 단 한 번도 읽어보지 않았을 그들이 그것을 '아부 문학'으로 그릇 알고 있는 문제가 심각했다. 그 시론에서 <용가>가 최고의 '제왕 정치 교과서'임을 역설하며 일부 지식인들의 무식함을 질타했으나, 상황은 개선되지 않은 채 나라는 급기야 정치가 사라진 암흑시대로 퇴보하고 말았다.

　세종 이전 여섯 분의 조상들이 험난한 역경을 극복하며 민심을 얻어

풍수 뛰어난 한양에서 창업한 조선조. 그 왕조가 영속되기 위해 '경천근민(敬天勤民·하늘을 공경하고 백성을 위해 부지런히 일함)할 것'을 후왕들에게 강조한 노래가 <용가>다. 그러니 <용가>는 공동체의 핵심 가치들과 지속을 위한 조건들이 오롯이 담긴 텍스트의 결정판일 수도 있지 않은가.

사실 '지속가능성'이 기업만의 과제는 아니다. 개인은 물론 가정·집단·사회·국가 등 모든 공동체들에게 그것은 쉽게 이룰 수 없는 과제이자 이상이다. <용가>를 보유했던 조선왕조는 500년을 지속한 반면, <용가>를 아부 문학으로 치부하고 조롱해 온 대한민국은 겨우 70여 년을 지탱하면서 나라가 망할 뻔한 순간들을 여러 차례 겪어왔고, 지금도 겪고 있다. '경천근민'에 힘쓰기보다 '범죄꾼 두목'을 비호하기 위해 정치판의 '불량배'들이 온갖 허튼짓으로 나라를 혼란스럽게 하는 요즈음. 그들에게 '<용가> 읊지 말라'는 말 대신 '<용가>라도 제대로 읊으며 정치에 임하라'는 말을 던져 주어야 할 때가 아닌가.🪨

이제 '90세'가 고희다!

　8세기에 58년을 살다 간 당나라 시인 두보(杜甫·712~770). 좌습유左拾遺라는 미관微官으로 황제에게 직간을 거듭하던 중 스트레스가 심해졌기 때문일까. 퇴근 후 곡강曲江의 술집에서 옷을 저당 잡히며 술을 마시곤 했다. 명구名句 '인생칠십고래희人生七十古來稀'를 통해 '고희古稀'란 멋진 단어를 남겨 준 게 그의 시 <곡강>이다. 8세기에 70이던 '고희'가 21세기인 지금 과연 몇 살로 바뀌었을까.

　내 어릴 적 마을의 성대한 행사는 어른들의 회갑 잔치였다. 소리치고 살아보아야 50 중반이 한명限命이던 시절, 회갑연도 흔치 않은 '동네 경사'였으니 '고희연'은 말하여 무엇 하랴. 후학들이 함께 기념논문집을 만들어 회갑이나 고희를 맞은 선학에게 헌정하던 관습이 대략 20여 년 전까지 있었으나, 지금은 자취를 감췄다. '살아갈 날들'이 많이 남았다고 믿는 장수 시대에 누군들 그런 행사를 반기겠는가.

　최근 어느 모임에서의 일이다. 고희를 넘긴 이도 약간 못 미친 이도 있었으나, '살아온 날들'과 '남아있는 날들'을 계산해 본 친구는 없어 보였다. 명성을 떨치는 'K-의료' 덕분일까. 간혹 건강 문제로 고통받는 친구들은 있었지만, 대부분 젊은 날의 패기는 여전했고 미래의 계획과

의욕 또한 무성했다. 그 모임에서 한 친구가 통계청의 조사 자료를 슬그머니 내밀었다. 관심의 초점은 나이대별 생존율. 70세[86%], 75세[54%], 80세[30%], 85세[15%], 90세[5%]로 급전직하, 90에는 100명 중 5명만 살아남는다는 통계가 충격이었다. 지나온 70년의 세월이 겨우 '한나절'인데, 건강하게 살 수 있는 평균 나이를 76~78세로 계산한 결과도 있었다! 좌중은 망연자실했다.

종교나 도덕이란 실존적 존재인 인간이 죽음을 초극하기 위해 의지하는 작은 언덕에 불과하다고 역설한 선학이 있었고, 모든 사람이 '죽음에 이르는 병'인 절망에 사로잡혀 있다고 설파한 선학도 있었다. 그간 치열하게 살아온 '70 고희 시대'가 저물고, 바야흐로 '90 고희 시대'로 접어들었다. 선학들의 생각을 바탕으로 죽음에 대처하는 지혜를 다시 공론화하고 실천하기 위해 집단지성이 움직여야 할 때가 바로 지금 아닌가.☕

전원생활의 불안

　발 노릇 해주던 노인용 전동차를 열린 대문 앞에 쓸쓸히 남겨 둔 채, 혼자 사시던 98세의 이웃 어른이 얼마 전 이승을 뜨셨다. 80을 넘기신 어떤 할머니는 노인 보행기에 의지해 가끔씩 끙끙대며 언덕길을 오르시고, 같은 연배의 다른 어른도 지팡이 짚고 위태롭게 소로를 걸어 다니신다. 유치원 아닌 '노치원老稚園' 차는 아침저녁으로 노인들을 모셔 갔다가 모셔 온다. 닭 우는 소리, 개 짖는 소리, 온갖 숲새 소리 등을 빼면, 하루 종일 이곳은 적막하기 그지없는 '인영불견人影不見'의 마을이 된다.

　정년 후 전원생활을 시작한 지 만 4년째. 적지 않은 상념들이 교차한다. 그간 그림 같은 산촌의 자연 속에서 동식물과 공존하며 황홀경에 빠져 지냈는데, 도회 생활의 때가 빠지고 전원의 삶에 적응하게 되자 문득 '현타'가 찾아왔다. 어쩌면 문명 혹은 이데올로기의 충돌보다 인적 끊어져 가는 전원의 고요함으로부터 소멸의 카운트다운은 먼저 시작될지 모른다는 불안감. 엄습하는 공포를 헛된 망상의 소치로 돌릴 수만은 없다.

　전원생활 시작 두어 해 전 이사 준비 중에 면장을 만났다. 자신이 부임한 뒤 세 가구가 들어왔으나 그 사이 아홉 분의 노인이 사망함으로써 오히려 주민 수가 줄었다며 허탈한 표정을 지었다. 그때는 그 말이 실감 나지 않았으나, 지금은 분명한 두려움으로 다가온다. 동네 노인들이 앞서거니뒤서거니 떠난 뒤 이 마을에 아무도 들어오지 않는다면, 나는 끝내 빈 집들에 포위당하고 말 것이다. 지금은 아무 때나 차를 몰고 시내의 마트에도 병원에도 모임들에도 가지만, 언제까지 그럴 수 있을까. 전원생활의 지속 가능한 시간은 과연 얼마쯤일까.

전원생활의 로망이 '홀로 남겨지는' 적막강산의 끔찍함으로 바뀌는 건 개인에게도 나라에게도 재앙이다. 산업화 시대부터 시작된 인구의 도시 집중과 농촌 공동화 현상은 돌이킬 수 없을 정도로 진행돼 조만간 사람 대신 동식물들이 전원을 차지하게 될 것이다. '도시에 남느냐, 전원으로 가느냐'. 2010년대 후반부터 베이비 붐 세대의 은퇴가 본격화되면서 떠오른 '갈림길 담론'도 머지않아 '도시에 남아야 산다'는 '외길 담론'으로 바뀌지나 않을까.🍰

춤추는 우리 시대의 '유다'들

극적인 배신 사례로 꼽히는 것이 『신약성서』「마태복음」의 '유다 사건'이다. 예수는 유월절 만찬에서 제자들이 자신을 버릴 것이라 예언했고, '자신을 팔아넘길 자'로 유다를 지목했다. '은 30'에 예수를 팔아넘긴 유다. 만찬 다음 날 예수 수난의 참상을 보며 양심의 가책으로 목매어 자살했다. 어찌 성서뿐이랴. 배신의 화소話素를 빼면 많은 문학 작품도 인간의 허약한 내면과 진실을 극적으로 드러내지 못했을 것이다.

사회·정치적 소용돌이들을 목격해 온 지난 세월. 정변 관련 사건들에서 기억에 남는 건 복잡한 인간관계이고, 배신은 그 단초였다. 개인의 삶에서도 배신은 늘 문제를 야기하지만, 국가·사회 차원에 이르면 정치·역사의 흐름을 왜곡하는 혼란의 원인이 되기도 했다. 언제나 기본적인 원칙과 대의에 따르라는 것이 국민의 뜻인데, 새삼 '배신'이란 말이 떠도는 이유는 뭘까. 공명정대의 큰길을 버리고 '힘 있는 쪽'에 붙어 뒷날의 영화를 구걸하거나, 어느 쪽에게도 욕먹지 않으려는 기회주의가 시대정신으로 굳어가는 지금. 명분名分으로 위장한 배신의 간모奸謀들이 난무하는 중이다.

1년여 전 총선 결과가 한쪽으로 크게 기울며 생겨난 불안감은 총선

후 즉각 현실로 나타났고, 대통령 탄핵에 이어 정권이 넘어갔다. 다수를 차지한 쪽이 심히 이성적이지 못한 상황에서 나라의 혼란은 불을 보듯 뻔한 일. 공정을 상실한 헌재·사법부와 검·경·공 등 '쫄보' 수사기관들, 일부 '가짜뉴스' 매체들은 여당과 손발이 척척 맞고, 물색 모르는 소수 야당은 지리멸렬하니, 나라는 삼각파도에 난타당하는 조각배 형국이다.

'배신하는 존재가 인간'이라는 쇼펜하우어의 말이 맞는가. 지울 수 없는 낙인이 두려우면서도 달콤한 배신의 유혹을 거부하지 못한다. 짧은 시간에 '삿된 집단으로부터 '은 30'의 유혹을 받고 있다'고 의심하는 사람들이 적지 않다. 대의를 저버리고 불의와 타협하는 것은 자신의 임무와 국민에 대한 배신이다. 용기 있는 자는 결코 배신하지 않는다. '가증스런 욕망이 배신의 비극을 불러왔다'는 성서의 교훈을 되새기며 자신이 '이 시대의 유다'는 아닌지, 가슴에 손을 얹고 반성해 볼 일이다.☕

한 장 남은 달력을 뜯기 전…

마지막 달력 한 장, 달랑 남았다. 시인 정재영은 '끊을 수 없는 시간을/토막 내어 염장해 놓고/긴 것 짧은 것을 꺼내 먹는다'고 1년 치 달력을 절묘하게 읊었다. '긴 것'이라야 '단 하루' 더 있을 뿐. 더구나 365일이 '폰' 안에 들어 있는 요즘이다. 그래서 달력을 아예 걸지 않는 친구도 있다.

이맘때면 많은 기업체들, 대학들, 은행들은 달력을 '예쁘게' 만들어 직원들과 고객들에게 선물로 건넨다. 감사 인사와 홍보 수단으로 그만한 게 없기 때문이다. 1년 내내 하루 몇 번씩 달력을 쳐다보게 되니, 효과 만점이다. 달력들이 남아도는 요즘엔 볕을 보지 못하는 것들도 많다. 내 어릴 적엔 국회의원 얼굴이 중앙에 찍힌 한 장짜리 달력이 유일했다. 1년 내내 벽에 붙은 그의 사진을 바라보며 지내는 셈이어서, 선거운동으로는 '딱'이었다. 당시 꼬마였던 나도 지금까지 그의 이름을 기억하고 있으니 말이다. 그 달력 덕에 결석 없이 학교를 마칠 수 있었지만, 어린 눈에도 달력은 매우 부실하고 불순해 보였다.

왕조시대엔 달력 고민이 많았다. 고려에서 써온 원나라의 수시력授時曆 대신 명나라의 대통력大統曆을 써야 할 입장이었던 조선조. 세종

조에 완성한 칠정력七政曆으로 미흡하나마 역법曆法의 독자성을 이루었고, 후기엔 선교사들의 도움으로 만든 청나라 시헌력時憲曆을 도입하여 썼다. 1896년부터 양력陽曆을 쓰기 시작했으나 완전치 않았고, 1930년대에 이르러서야 근대식 달력을 쓰게 되었다. 동지사나 정조사로 중국에 갔던 사신들은 달력을 황제의 선물로 받아오는 게 상례였고, 조선조 후기에 들어 30여만 부나 발행되던 달력들의 6, 7할은 민간에 판매되기도 했다.

벽에 걸어둔 달력의 낱장을 뜯지 않아도 세월은 마구 흘러감을 최근 깨달았다. 시간의 여울에 무의미하게 흘려보낸 삶의 자취들을 송두리째 지우려는 듯, 게으름으로 그냥 남겨 두었던 지난 달력들을 오늘에서야 뜯어내고 있다. 새 달력을 펼친다고 새살 돋아나듯 삶은 바뀌지 않을 터. 한 장 남은 묵은 달력이 마저 뜯기기 전 정신 차리고 밀린 숙제들을 해결해야 할 일이다.🍵

제2부

일사다언一事多言

마늘 먹는 남자

꽤 오래전의 일. 세상에 별걸 다 연구하는 사람들이 있고, 그들이 분석해 놓은 결과에 대해서도 기가 막히는 경험을 한 적이 있다. 우연히 웹서핑을 하다가 한 기사에 눈이 꽂혔다. '마늘 먹는 남자에게 여성이 더 매력을 느낀다'는 연구 결과가 그것이었다. 스코틀랜드 스털링대학과 체코 프라하대학 연구진의 공동연구 결과라고 했다.

연구 대상으로 선정된 남성 42명에게 차례로 마늘 실험을 해본 모양이었다. 처음엔 마늘, 그것도 생마늘(!)을 섭취하게 했고, 다음엔 더 적은 양의 마늘 가루를 섭취하게 했으며, 그 다음엔 아예 마늘을 먹지 않게 한 다음 각각의 남성들 겨드랑이에 패드를 붙여 12시간 동안 땀을 모아 여성 82명에게 냄새를 맡아보게 했다고 한다.

그런데, 마늘을 섭취한 남성이 더 매력적이고 남자답고 상쾌한 향을 준다고 답했다는 것이다. 더 해괴한 점은 마늘 두 쪽을 섭취할 경우 별 차이가 없었던 반면, 네 쪽[마늘가루 12g]을 먹으면 여성의 호감도가 더 올라가는 것으로 나왔다는 사실. 연구진의 분석에 따르면, 마늘의 항균, 항바이러스 특성이 악취의 원인인 미생물의 농도를 약화해 겨드랑이 냄새를 더 달콤하게 한다는 것이었다. 더 이해할 수 없는 그들의 추론은 겨드랑이 냄새가 사람의 친밀성을 좌우하는 중요 인자라는 것, 여성이 마늘 먹는 남자를 선호하도록 진화했을 수 있다는 것 등이었다. 또한 마늘이 항생, 항바이러스, 항균 성분이 있기에 남성의 땀을 통해 섭취 여부를 알 수 있고 남성의 건강을 추측할 수 있다는 주장이었다.

마늘 좋다는 건 단군 할아버지를 낳아주신 웅녀 할머니의 이야기에서 이미 입증된 바이고, 수천 년 내려오면서 마늘 없이 살 수 없게 된 사람들이 바로 우리 한민족이다. 만약 이 연구 결과가 타당하다면, 전 세계의 여성들은 오래전부터 한국 남자들에게 매료되었어야 하고, 지금 '농촌 총각 장가보내기' 위해 동남아 나라들을 뒤지고 다니는 결혼 정보회사들은 앞장서서 총각들에게 '마늘 먹이기 운동'이라도 벌이고 있을지 모른다. 그런데, 현실은 과연 그런가. 근래 해외로 나가는 기회가 늘어나면서 나를 포함한 한국 남자들은 '마늘 냄새' 때문에 스스로 갖게 되는 '자기검열'의 콤플렉스에 주눅 들어 지내기 일쑤다. '혹시 외국인들이 강한 마늘 냄새로 나를 기피하지나 않을까?', '오늘 무슨 모임이 있는데, 마늘 들어간 음식은 절대로 먹지 말아야지!' 등등. 우리가 피할 수 없는 마늘 때문에 갖게 되는 불안감으로 전전긍긍하는 경우는 허다하다.

소싯적 언제였던가. 한동안 마늘에 빠져 지낸 적이 있었다. 하도 오래된 일이라서 정확한 건 기억에 없지만. 건강 정보에 귀 얇은 내가 방송에 나와 열변을 토하는 누군가를 보게 된 것이 탈이었다. 그가 말한 요점은 '누구나 아침 빈속에 생마늘 3~4쪽을 생수와 함께 씹어 먹으면 어떤 병에도 걸리지 않는다'는 것이었다. '옳다구나!' 쾌재를 부른 나는 즉시 실천에 옮겼다. 물론 아내와의 갈등도 동시에 시작되었고. 마늘을 먹는 본인은 자신의 냄새를 맡을 수 없다는 상식을 나는 그만 까맣게 모르고 있었던 것이 탈이었다. 맵고 알싸한 생마늘을 생수와 함께 먹고 나니 식욕도 늘어나고 삶의 원기도 넘치는 것 같았다. 내게서 고약한 냄새가 나리라고는 꿈에도 생각지 못했던 것은 일종의 비극이었다.

날이 지나면서 나는 콧노래를 불렀으나 아내는 점점 내 곁에서 멀어져 갔고, 가끔 내 연구실에 찾아오던 동료들의 발걸음도 뜸해졌다. 늘 내 코앞에까지 와서 무언가를 묻던 학생들의 발길도 드물어졌다. 그뿐인가. 틈만 나면 무릎에 앉아 조잘대던 내 아이들도 자꾸만 일정한 거리를 두는 것이었다. 그러던 어느 날. 직장의 회식이 끝나고 2차 술자리로 몰려갔을 때였다. 다른 학과의 선배 교수 한 사람이 맥주잔을 부딪치면서 슬쩍 묻는 것이었다. '조 교수, 요즘 무슨 약을 드시오? 늘 활력이 넘쳐 보이니. 그런데 냄새가 좀 유쾌하지 못한 건 약간의 흠이라 할 수 있겠는데.'라고 조심스럽게 말을 건넸다.

집에 돌아와 아내에게 말하니, 이제야 승기를 잡았다는 듯 그녀는 언성을 높이며 '생마늘 절대 금지'의 팻말을 치켜드는 게 아닌가. 그러면서 마늘 많이 먹는 사람들 곁에 한번 가보라고, 마늘 먹는 인간 자신은 그 냄새를 맡을 수 없는 법이라고, 그녀는 나의 무책임과 미련함을 마구 성토하는 것이었다. 사실 선배 교수의 말에서 '활력이 넘쳐 보인다'는 부분에 방점을 찍은 나는 '냄새가 좀 유쾌하지 못하다'는 부분은 아예 무시하려 했으나, 아내의 견해는 달랐다. '오죽하면 그 교수가 그렇게 말했겠느냐? 그러니 그 교수가 너무도 고맙다'는 것이 아내 주장의 요지였다.

그다음 날부터 냉장고 속의 생마늘은 모두 사라지고, '사람들이 내곁에서 슬슬 사라진 것도 마늘때문인개벼~'라는 굼뜬 깨달음을 계기로 나는 결국 마늘을 끊게 되었다. 그 뒤로 다시 사람들은 내 곁에 오게 되었고, 결국 음식과 성공적인 사회생활 간의 밀접한 상관성도 깨닫게 되었다.

그런 마늘을 많이 먹은 남성에게 여성들이 호감을 갖는다니! 내가 생마늘을 먹기 시작한 날부터 내게서 멀어져 간 내 아내는 그럼 여성이 아니었단 말인가? 서양 사람들의 연구 결과가 마늘 없으면 못사는 민족의 일원으로서 참 다행이란 생각이 들면서도, 그 결과의 타당성을 신뢰하지 못하는 것은 소싯적의 씁쓸한 경험 때문이다. 겨드랑이 냄새보다는 입에서 풍기는 냄새가 더 화급한 문제인 것을. 할 일 없으면 누워 낮잠들이나 잘 것이지, 연구치고는 참 해괴하지 않은가.

내 공부를 어떻게 '땡처리'할 것인가

현직 마무리 시절 어느 날의 일. 연구실에 앉아 자료 해독과 해석으로 부심腐心하던 중, 전화벨이 울렸다. 갓 20이나 되었을까. 앳된 여성의 목소리였다. "혹시 '부녀자취업알선센터'인가요?" 약간 긴장한 탓일까. 가느다란 목소리는 더욱 기어들어 가듯 가늘어지고 있었다. 나는 무심코 "전화 잘못 거셨어요!"라고 건조하게 응답한 뒤 끊었다. 한참 동안 책장을 넘기는데, 문득 세 가지 의문이 내 작업을 방해했다.

'전화를 잘 못 건 그녀는 누구일까?'
'그녀는 왜 '부녀자취업알선센터'에 전화를 걸었을까?'
'그런데 그녀의 음성은 어쩌면 그렇게 내 귀에 익숙할까?'

세 물음이 오후 내내 나를 심란하게 만들었다. '내가 언제부터 잘못 걸려 온 전화에 이렇게 민감하게 되었지?' 라고 반문하며, 마음속으로는 부질없을지도 모르는 분석 작업을 계속했다. 오후 늦어서야 아래와 같은 추론 하나를 완성하게 되었다.

「그녀는 전화기 자판을 잘못 눌렀을 것이다. 그러나 그게 왜 내 전화번호였을까. 어쩌면 그녀의 잠재의식 속에 내 번호가 들어 있었던 것은 아닐까. 그런데 그녀의 음성은 어쩌면 그렇게도 내 귀에 익숙할까. 흡사 학부 3학년이나 4학년 때 내가 지도교수로 있던 어떤 여학생의 음성 같기도 했다. 그렇다면 그녀는 갓 졸업한 입장이었을 것이다. 그녀가 '부녀자취업알선센터'에 연락하고자 했다면, 지금까지 직장을 얻지 못한 상태란 말인가. 옷도 사야 하고, 친구들과 수다를 떨면서 커피도 마셔야 하며, 화장품도 사야 할 텐데. 그때마다 부모님께 손을 내밀기란 얼마나 수치스러운 일인가. 이곳저곳 돌아다니다 못해 이젠 '부녀자취업알선센터'의 문까지 두드린 건 아닐까.」

마음이 무거웠다. 호주머니에 돈이 없던 내 청춘 시절이 떠오르면서 눈물도 찔끔 나오려 했다. 그래도 그땐 '적빈赤貧'이었으나 '무일푼'은 아니었다. 그러나 지금. 길바닥에 나서는 순간부터 호주머니의 돈이 나가는 시대 아닌가. 이 시대에 '항산(恒産·살아갈 수 있는 일정한 재산이나 생업)'이 없다면, 아니 '능력은 있으나 일거리가 주어지지 않는다면', 어떻게 한 발짝인들 운신運身할 수 있단 말인가.

* * *

학기 초 어느 날. 이메일에 모르는 사람의 이름이 떴다. 열어보니 신입생이었다. 자퇴를 위한 면담 신청이었다. 다음 날 오후 그 여학생은 연구실로 나를 찾아왔다. 사유를 물었다.

- 나: 왜 자퇴하려고?
- 학생: 광고 카피라이터가 되는 게 제 꿈인데요. 한두 달 국문과 공

부를 해보니, 그것과 거리가 멀어서요. 더구나 학년이 올라갈수록 더 어려운 과목들뿐인데, 그런 걸 하다 보면 제 꿈과 더 멀어질 것 같아 지금 단계에서 그만두려고요.

- 나: 광고 카피라이터가 되려고 해도, 대학 시절 폭넓은 공부를 해둬야 '더 멀리 더 높이' 날 수 있지 않겠니? 카피라이팅 기법만 배울 목적이라면, 군이 대학 공부를 할 필요 없겠지? 기술만 배우려면, 학원이나 개인 교습을 받으면 몇 개월 만에도 가능하겠지. 부모님께 말씀은 드려 보았니?

- 학생: 네. 부모님도 제 말씀에 동의하셨어요. 취업을 할 수 없는 공부라면 지금 당장 바꾸는 게 좋겠다는 생각이셔요.

- 나: 그렇다면 할 수 없구나. 나는 너와 생각이 다르지만, 너와 네 부모님께서 생각이 같다니, 내 생각이 잘못되었을 수도 있겠네. 앞으로 무슨 공부를 하더라도 좀 더 폭 넓고 진중하며 끈기 있게 최선을 다해 주렴. 그리고 잠시라도 우리가 '국문인'으로 맺었던 인연을 잊지는 말아다오.

1학년 초반에 자퇴하려는 학생은 처음 만나는 터여서, 내심 당황스러운 게 사실이었다. 무거워지려는 마음을 누르고 잠시 생각에 잠겼다. 시대는 바뀌고 톡톡 튀는 감성의 '새 세대'가 부모가 되고 사회의 중견 그룹이 되어 있는데, 나는 지금 어디서 무슨 일을 하고 있는가. 새삼 책상 위에 무질서하게 쌓인 고전 텍스트들을 내려다보았다. 이것들을 읽고 분석하여 글로 써내고 말로 풀어내는 것이 젊은 영혼들의 고달픈 삶에 무슨 도움을 줄 수 있다는 말인가. 이들이 이런 어려운 말이나 들으려고 답답한 강의실에 고문받듯 앉아서 내 강의를 경청하고 있단 말인가. 이들에게 한 그릇의 밥도 마련해주지 못하는 나는 과연 누구인가.

참, 국문과 고전 분야의 '교수질'이 어렵다는 걸 느낀 건 난생처음이었다. 첫 번째 경우도 결국 그렇게 귀착되었고, 두 번째 학생도 그러했다. 국문학을 배워서, 아니 고전문학을 배워서 '밥 문제'가 해결되는가? 시대는 이제 이것만을 집요하게 묻는다.

내 공부를 과연 어떻게 '땡처리'할 것인가.ㅜㅜㅜ🍰

에프 엠(FM)대로 살면, 망할까?

시골도 대도시도 같은 시스템으로 돌아가는 것이 오늘날 대부분의 나라들이고, 우리 또한 예외가 아니다. 내가 사는 산골 마을은 자동차로 30분을 달려야 시내에 들어갈 수 있는 곳이다. 산골과 시내까지는 꽤 넓은 국도가 있는데, 가끔은 오고 가는 차 한 대 없을 만큼 한산하다. 그럼에도 신호등은 설정된 시간대에 색깔을 바꾸어가며 차량을 통제한다. 신호등이 설치된 몇 군데의 교차로에는 어김없이 감시카메라가 설치되어 있지만, 교차로 아닌 단순 횡단보도나 길가 마을에 진입할 수 있도록 좌·우회전 표시가 부가된 횡단보도에는 카메라 없는 경우가 대부분이다. 이곳에 막 들어온 4~5년 전만 해도 사람이 있건 없건 감시카메라가 있건 없건 거의 모든 차가 빨간 불에 정지했다. 그런데 얼마 전부터는 빨간 불에도 '쌩하고' 그냥 지나치는 차량이 어림짐작으로 30%가 넘는다. 그리고 그 수는 자꾸만 늘고 있다. 감시카메라도 없고 길 건너려고 대기하는 사람 아무도 없는데, '그냥 가면 어떠랴!' 하면서 지나간 몇 대의 용감한 차가 있었을 것이다. 그나마 초기에는 '빨간 불에 섰다가 다시 출발하면 연료 소모가 많아지고 시급한 일을 놓칠 수도 있을 것이니, 국가적으로도 손해가 아니냐?'는 이유를 대면서 자신의 불법을 합리화했으리라. 그러나 그런 불법행위에 대한 죄의식이 엷어질 만큼의 시간이 흐른 뒤엔 '빨간 불에 쌩하고 달려가는 것'이 이른바 '뉴노멀(new normal)'로 자리 잡아 가는 듯하다. 심지어 어떤 이는 '다른 차들도 그냥 달려가는데, 나만 신호등을 지키면 멍청한 것 아니야?'라면서 공범의 대열에 자진 합류하기도 한다. 과연 카메라 없는 신호등을 지키는 것이 옳은가, 아니면 멍청한가?

풀브라이트 학자로 선발되어 미국 오클라호마 주립대학에 도착한 지 일주일 만에 차를 몰기 시작했다. 오클라호마의 스틸워터는 그보다 십몇 년 전 지내던 LA보다 도로가 훨씬 한산하고 넓었다. 미국에서는 교차로에 진입하기 직전 반드시 정지한 다음 어느 방향이든 먼저 와서 있는 차가 먼저 진입하도록 양보해야 한다. 비록 사방에 차 한 대 없어도 반드시 정지하여 두리번거리며 확인한 다음 출발하는 것이 '정해진 법규'였다. 저 멀리 차도로 사람이 걸어가면 무조건 서서 기다리는 것도 그들의 원칙이었다. 그러니 신호등을 지키는 건 '물어볼 필요'도 없는 일. 법규를 철저히 지키는 미국인들이 답답할 지경이었다. 이런 점은 유럽에서도 일본에서도 마찬가지였다.

초기에는 가끔 착각하여 '한국에서의 운전 습관'이 튀어나오기도 했다. LA에서의 운전 경험이 있었지만, 그런 미국의 '운전 관습'에 다시 익숙해지기까지 한 달 이상이 걸렸다. 이처럼 내가 미국에 체류하면서 새삼 놀라는 건 미국인들의 이른바 '리걸리즘(legalism)'이었다. '고집스런 법칙 존중주의' 쯤으로 번역될 수 있을까. 간혹 답답하기도 했으나, 세계 초강대국 미국의 힘을 느낄 수 있는 '최고의 장점'임에 틀림없었다.

무턱댄 '일리걸리즘(illegalism)'은 아니나 '고집스런 관용주의' 혹은

'범칙 용인容認주의'에 익숙한 공동체가 우리 사회 아닐까. 사실 '여기는 맛에 법을 만든다'는 말이 상식처럼 되어 있고, '예외 없는 법 없다'는 속담을 진리처럼 숭상하는 곳이 우리나라다. 차를 몰고 거리에 나가보면 안다. 아무리 차량 대수에 비해 길이 좁아서 그렇다고는 하지만, 틈만 나면 교통신호를 무시하거나 가끔 신호등 없는 횡단보도에 사람이 지나갈 땐 전속력으로 가속페달을 밟아 그 앞을 '쌩!' 가로질러 내빼는 것 등은 일상적인 모습이다. 직진 차선에 차가 밀린다 싶으면 그 옆 우회 차선을 전속력으로 달려 앞선 다음 뒤에서 묵묵히 기다리는 운전자들을 조롱하듯 끼어들기도 한다.

내비게이션 덕분이긴 하지만, 감시카메라의 위치를 귀신같이 알아낸 뒤 그 사이사이에선 엄청난 과속도 일삼는다. 당국에서는 '구간 단속'이라는 지혜까지 내놓았지만, 요즘은 머리 좋은 운전자들 때문에 그것도 무력해진 지 오래다.

이런 관습이 교통에만 국한되는 문제일까. 많은 돈을 벌면서 세금한 푼 안 내고, 건강한 체구로 태어났으면서 병역 의무를 기피하고, 집 지을 수 없는 땅에 호화주택을 짓고, 선박의 구조를 변경하면서까지 화물을 과적하고(...). 주워섬기자면 끝이 없다.

'에프엠' 즉 Field Manual이란 우리말로 '야전 수칙'이다. 야전에서 수칙을 지키지 않으면 아군들이 죽을 수밖에 없다. 그러니 절체절명의 원칙이 바로 에프엠이다. 그러나 우리나라에서는 '에프엠대로 살면' 망하거나, 미련하고 답답하다고 욕을 먹는다. '바쁜 세상 대충 살지. 뭔 일 났다고 원칙 지킨대? 아니 제가 잘 났으면 얼마나 잘 났다고 저렇게 규정 따지며 답답하게 군대?' 온갖 욕이 쏟아진다. 그러니 에프엠을 지키려던 사람들도 슬그머니 '반칙의 대열'로 끼어든다. '망할 놈'의 관습이요, 분위기다. 법을 지키는 사람이 욕먹는 사회를 생각해 봤는가? 툭하면 범칙자들에게 욕을 퍼붓기 좋아하는 우리들. 자신들의 행동을 한 번 돌아보자. 하루 중 에프엠대로 법규대로 살아가는 순간이 몇 %나 되는지 살펴보자. 사건이 터지면 정부나 대통령만 욕한다. 자신들은 에프엠대로 법규대로 살아왔는데, 대통령이나 정부 당국자가 무능하고 사악하여 사고가 났다는 투다. 온통 범법자들로 이루어진 이 땅의 통치 집단은 한술 더 뜨며 대중을 선동까지 하려 든다. 한심하다 못해 슬프도록 '재미있는' 나라가 우리 '대한민국'이다.

복잡하게 생각할 것 없다. 이미 만들어진 에프엠만 제대로 지켜도 '국가 대 개조'는 당장 이루어진다. 과연 에프 엠(FM)대로 살면, 망할까?

'딱지를 까고 잘도 먹는구나!'

　나는 서해안의 가난한 마을에서 태어났다. 지금은 사라졌지만, 기름진 갯벌이 질펀하던 시절도 있었다. 그 갯벌은 작고 큰 게들의 천국이었다. 그럴듯한 킹크랩이나 꽃게는 아니지만, '사시랭이·능정이·쇠발이·황발이·달랑게·돌짱이' 등 작지만 먹음직한 게들이었다. 전라도와 경기도 해안 지역 사람들을 만나면 통하는 게 있다. '갯벌에서 나오는 해산물의 추억'을 공유하고 있다는 사실이다. 그래서 나는 경기도, 충청남도, 전라남·북도 서해안 지역을 특별히 '게 섭식攝食 문화권'이라 부른다.

　'마파람에 게 눈 감추듯 한다'는 속담이 있다. 마파람은 습한 기운을 머금은 남풍이니, 곧 비가 내릴 것이라는 예고이기도 하다. 게들은 몸의 염도를 유지해야 살 수 있다. 비에 소금기가 씻겨 내려가면 안 될 일. 그러니 갯벌 표면으로 올라와 부지런히 먹을 것을 찾던 게들도 비가 온다는 '남풍의 경고'에 바짝 긴장하고, 자신들의 집으로 돌아갈 채비를 해야 할 것 아닌가. 자신들의 집이래야 갯벌에 뚫어놓은 작은 구멍이 고작인데, 그곳으로 들어가기 위해서는 곧추세웠던 '잠망경'을 접어야 한다. 그래서 마파람이 불면 게들은 치켜세웠던 자신들의 눈을 접고 냉큼 집으로 몸들을 숨기는 것이다. 흔히 배고픈 사람이 '허겁지

겁 밥을 퍼먹는 모습'이나 관리들이 나랏돈 집어삼키는 것을 '딱지를 까고 잘도 먹는구나!'라고 말했다. 무언가를 순식간에 흔적도 없이 집어삼키는 모습을 이렇게 그려낸 것이니, 우리 옛 어른들의 눈썰미가 이처럼 매서웠다.

도시 출신들도 '마파람에 게 눈 감추듯 한다'는 속담은 그럭저럭 들어서 알고 있는 듯하다. 그러나 시골 출신이든 도시 사람들이든 '딱지를 까고 잘도 먹는다'는 말은 대부분 모른다. 속담 사전들을 들춰봐도 없다. 그러나 내 고향 사람들은 이 말을 예로부터 사용해 왔고, 특히 돌아가신 내 어머니는 이 말을 정말 즐겨 쓰셨다. 어머니를 비롯한 고향의 어른들은 '게 잡이 선수들'이셨다. 그럴듯한 물고기를 잡을만한 곳도 아니었으니, 그나마 그런 게들을 잡아다 없는 반찬을 보충하는 과정에서 익숙해지셨을 것이다.

짜디짠 김치와 엄지손가락 크기의 게 여남은 마리가 여름철 반찬의 대부분이었다. 어릴 적엔 딱지와 발을 뗄 것도 없이 통째로 '으드득' 씹어 먹으며, 속으로 '참 맛도 더럽게 없다'는 불평을 하곤 했는데, 요즈음은 그 맛이 몹시도 그리워지는 이유를 알 수 없다. 오래전 서울에서의 일이다. 동네 재래시장에 나갔다가 '억지를 부려' 옛날의 그 게들과 비스름한 것들을 한 보시기 사 들고 온 적이 있다. 간장에 절였다가 끼니때 식탁에 꺼내놓고 옛날처럼 '으드득' 씹어 먹으니, 아내의 눈치가 심상치 않았다. 며칠 잘 먹다가 아내의 눈꼬리가 심각하게 바뀌는 걸 보곤 냉큼 '게에 대한 추억과 미련'을 접고 말았다.

왜 나는 '딱지를 까고 잘도 먹는구나!'가 게로부터 온 말이라고 보는 것일까. 우리 고향 어른들은 게를 잡으며 게의 해부학적·생리학적 구조를 잘도 파악하신 것 같다. 나도 어릴 적 게를 가만히 관찰한 적이 있다. 게들은 두 개의 큰 집게를 갖고 있다. 우리가 손으로 물건을 잡거나, 싸움할 때 상대방에게 주먹질하듯 그들은 집게로 물건을 잡거나 적을 물기도 한다. 나머지 발들은 이동할 때 사용한다. 잘 아시다시피 수많은 게들이 드넓은 갯벌에 올라와 식사하거나 해바라기하는 모습은 참으로 장관이다. 해바라기할 때는 움직이지 않지만, 그 외의 시간에는 늘 부지런히 꼼지락거린다. 자세히 살펴보면, 그들은 갯벌에서 끊임없이 무언가를 집게로 '집어 올려' (육안으로는 잘 구분되지 않는) 작은 입으로 잽싸게들 나른다. 말하자면 그들만의 (품위 있는) 식사법이었다. 갯벌에 살고 있는 플랑크톤이나 물고기 등의 사체에서 분리된 유기물들을 집어먹고 있는 것 같았다. 당시 어린 나이였지만, 그걸 보면서 나는 참으로 답답함을 느꼈다. 저렇게 눈에 보이지도 않는 무언가를 집게로 잡아 어느 세월에 그 큰 배를 채운단 말인가. 차라리 (게의) 딱지를 까고 갯벌에 널린 먹이를 쓸어 넣으면 순식간에 배를 채울 수 있지 않을까. 당시 나는 게들을 보며 늘 이런 생각에 잠기곤 했다. 그래, 저 굶주린 게들은 현미경으로 보아야 겨우 보일만한 유기물들을 하루 종일, 아니 평생 집게로 들어 올려 입으로 운반하며 생명을 유지해 온 것이었다! 그런데, 고향의 어른들은 바로 내 마음을 미리 알아채기라도 하신 것처럼 '딱지를 까고 잘도 먹는구나!'라는 속담까지 만들어내셨으니, 대단한 일 아닌가?.

예나 지금이나 매스미디어들은 하루도 빠짐없이 정치인들이나 공직자들의 부정부패 소식을 보도한다. 눈먼 돈이 널려 있는데, 어찌 가만히 보고만 있겠는가. 나랏돈이 내 돈이요, 회사 금고 안의 돈도 내 것인데, 안 먹는 자가 멍청하다는 말일까. 갯벌에 널린 눈먼 유기물들은 온통 게들의 먹이다. 그러나 게들은 욕심 내지 않고 그 둔탁한 집게로 한 알 한 알 조심스레 들어 올려 양에 맞게 먹을 뿐이다. '딱지를 까고' 먹으면 순식간에 배불리 먹을 수 있다는 사실을 그들이라고 모르진 않을 터. 그럼에도 불구하고 게들은 '딱지를 까고' 먹지 않는다. '딱지를 까고 먹는 행위'가 죽음임을 알기 때문에, 욕심을 부리지 않는 것이다. 그런데, 사람들은 으레 '눈먼 돈'을 보면 '딱지를 까고' 덤벼든다. 그러다가 걸려 사회적·정치적 생명이 끊어지는 경우가 한둘이 아니다. 따라서 인간은 '게만도 못한' 존재임이 분명하다. 다함 없는 헛된 욕망이 그렇게 만든 것이다. 이제 공직자들이나 기업가들은 (딱지 깐) 게 사진을 집무실에 걸어놓고 다음과 같이 외치면서 아침저녁으로 경배敬拜할 일이다.

　"저는 오늘도 딱지를 까고 먹지 않겠습니다!"(출근 시의 구호)

　"저는 오늘도 (다행히) 딱지를 까고 먹지 않았습니다! 고맙습니다, 게님!"(퇴근 시의 구호) 🦀

말 못 멈추는 병

　에코팜으로 이사 오고 삼 년이 넘을 즈음부터, 아내는 크고 작은 모임들[주로 교양 동아리]에 참여하기 시작했다. 공주가 '역사문화도시'인 만큼 역사와 문화 등을 함께 공부하는 모임들이 대부분이다. 그녀가 모임에 다녀올 때마다 거기서 얻은 지식들, 만난 인사들에 대한 정보들, 각종 해프닝 등을 얻어듣게 된다. 게으른 탓에 직접 참여하지 못하는 나로서는 아내를 통해 듣는 이야기들이 귀하고 흥미로울 뿐이다. 그런데 언젠가 언뜻 들은 한마디 말이 내 호기심을 자극했다. '몇 분이 말 못 멈추는 병에 걸린 것 같아요!'란 말. 모임에 다녀올 때면 그녀는 종종 그런 말을 했다. '말 못 멈추는 병'이라? 과연 그건 무슨 병일까. 그때부터 나는 마무리해야 할 글들은 밀어놓고, 며칠간 그 문제를 내 생각의 중심에 두게 되었다.

　나는 지난 5월 10일 (사)한국국가유산안전연구소 주관의 '공산성 달밤 이야기&콘서트'의 '명사이야기' 코너에서 강연을 했고, 8월 19일에는 (사)한국문학과예술연구소와 국립해양박물관 주최의 학술발표회에서 기조 발표를 했다. 그런데 전자에서는 주어진 두 시간을 넘겼고, 후자의 경우도 주어진 시간을 훌쩍 넘겨 행사 진행에 차질을 빚고 말았다. 전자는 밤 9시 반에 끝내야 할 것을 10시 가까이 되어 주섬주섬

끝냈고, 후자는 30분을 넘겨버린 것이다. 따지고 보면, 그것도 '말 못 멈추는 병'의 사례들로 간주될 만했다.

'말 못 멈추는 병'이 학술발표회 때만 문제가 되는 건 아니다. 몇 사람이 모이면 그 중 한둘은 그 병에 걸려 있는 듯하다. 쉼 없이 내뱉는 말 때문에 다른 사람들은 만남 내내 그의 입만 바라볼 뿐이다. 연륜이 많은 사람들일수록 말이 장황하다. 할 말이 많아서 그러리라 짐작은 하면서도, 저러면 안 되겠다는 다짐 또한 동시에 해본다. 학술발표회나 강연 때처럼 나도 저런 어리석음을 범하고 있는지 모르겠다는 걱정이 요즘 들어 깊어지기 때문이다. 그래서일까. 가급적 모임에는 참석하지 않으려 노력하는 중이다. 친구들은 내게 '왜 그리 출석률이 저조하냐'고 비판하기 일쑤이지만, '혹시 말 못 멈추는 병에 감염될까 두렵기 때문'이라는 대답을 할 수는 없다. 실제로 좌중에 그런 환자로 의심되는 친구가 한둘 끼어 있기 때문이다.

그렇다면, 남들의 '말 못 멈추는 병'을 혐오하는 내가 왜 최근 그 병의 증세를 내게서 발견하게 되었을까. 현직 시절엔 강의도 학술 발표도 '칼같이' 시간을 지켜가며 해오던 나였다. 특히 학술 발표 때엔 빼놓지 않고 진행자들로부터 고맙다는 말을 들을 정도였다. 학술발표회의 진행자 역할을 자주 맡던 내 젊은 시절, 툭하면 발표 시간을 넘기는 원로나 선배들이 정말 미웠다. 대놓고 무어라 말은 하지 않았어도 '저러면 안 되겠구나!' 스스로에게 다짐하곤 했다.

새롭게 발견한 내 증세를 분석해 온 나는 최근 그 해답을 얻었다. 나이에 따른 '노파심 빈발증'이 그것이었다. 그동안은 적어도 내 또래 혹은 나보다 나이 많은 학자들 앞에서 주로 학술논문들을 발표하는 기회가 많았다. 자연히 주제의 바탕을 형성하는, 주변적이지만 기본적인 담론체계를 뛰어넘어 곧바로 핵심 논점을 제시해도 전혀 문제가 없었다. 그러나 나이 들면서 일반인들이나 어린 학생들을 대상으로 할 때는 전자와 다르다는 생각에 사로잡히기 시작했다.

투망으로 고기를 잡아본 사람은 잘 알 것이다. 젊은 시절의 나는 고기 떼 중 큰 놈만 움켜잡아 보여주면 된다는 생각이었다. 발표자인 나나 동료 혹은 선배들이 작은 물고기들은 이미 잘 알고 있을 것이기 때문에 대뜸 큰 물고기를 잡아 보여주어도 문제없었다. 나이 먹으며 학생들이나 일반인 대상으로 스피치를 하다 보니 자잘한 놈들을 살살 몰아와 그 녀석들과 함께 큰 놈까지 한 그물로 잡아 보여주어야 한다는 생각에 사로잡히게 되었다. 작은 놈들을 모르고서야 어찌 큰 놈이 지닌 의미를 알 수 있겠느냐는 노파심이 바로 그것이다.

몇 사람들이 모인 자리에서의 '말병'도 그렇다. '나는 몸이 약하다'는 결론을 바로 말하면 될 것을, 대부분의 '말병 환자들'은 태어날 때부터 심지어 조상 때부터의 내력을 시작으로 생애사生涯史를 모조리 주워섬긴 뒤 결론을 제시하고 말을 끝내려니, 길어질 수밖에! '미괄식으로 말하지 말고 두괄식으로 말하라'는 사람도 있으나, 요지를 앞에 말하건 뒤에 말하건 별 상관없다. 쓸데없는 가지를 과감히 쳐내고, 쳐낸 것들은 듣는 이들의 상상(력)에 맡기는 것도 '배려하는 대화술'임을 명심할 필요가 있다.

바야흐로 남들의 말을 들어주는 인내심이 점점 줄어드는 시대에 우리는 살고 있다. 오죽하면 '상담'이란 명분 아래 남들 말을 실컷 들어

주고 돈을 버는 직업이 생겼겠는가. 남녀 간 사랑의 열기가 식기 전에는 그럭저럭 긴 말도 들어주지만, 아무리 좋은 말이라도 나이 들고 피로에 찌든 상대의 귀에 마구 퍼부어 댈 경우 '말병' 아닌 '감미로운 노래'로 들어줄 성인聖人이 어디에 있겠는가. '말로써 말 많으니 말 말을까 하노라'고 이미 '말병'을 지적한 조선조 어느 선비의 시조처럼, 차라리 말하지 않고 지내는 것이 상책 같아 보이는 요즈음이다. 🍵

백규서옥기白圭書屋記

2020. 6. 30. 정안 무성산 끝자락 조용한 곳에 그동안 내 환상 속에만 가꿔 오던 백규서옥을 미흡하나마 실물로 완성했다. 만 5개월 동안의 역사役事였다. 50여 년 전 대여섯 살 무렵, 당시 젊은 부모님께서 나무와 흙으로 지으시던 고향 집의 추억이 아련히 남아있는데, 마음속의 그 그림 위에 '내 집'을 덧 지은 것이다.

무성산의 용맥龍脈이 흘러내려 혈穴을 맺은 곳. 그 안온한 곳을 내 최후의 은거처隱居處로 삼은 이유는 무엇인가. 그간 제법 많은 곳을 떠돌아다녔고, 정처 없이 그려온 노마드(nomad)의 궤적 속에 내 알량한 내면은 무거운 피로감으로 절어 온 게 사실이다. 마무리해야 할 공부들은 아직도 수두룩한데 세상은 내 뜻처럼 움직여 주지 않고, 내 사고방식이나 삶의 양식은 더 이상 세상의 추이推移와 맞지도 않음을 절감한다. 그렇다면 굴원屈原이 그려낸 <어부사漁父辭>의 어부처럼 방향을 틀어 세상에 맞추거나 조화를 가장한 아부라도 떨어야 마땅한 일이나, 그렇게 하고서야 내 성격에 어찌 단 하루인들 맘 편히 살 수 있겠는가. 내가 핍박했고 나를 핍박해 온 사회에서 내 불만과 불행의 원인을 찾으려는 게 아니라, 안으로 돌이켜 나를 반성하는 데서 내 자아와 본래 면목을 찾으려는 것이니, 저 석문釋門의 이른바 '회광반조廻光返

照' 정신과 다름이 없으리라. 내 자아를 다시 찾기 위해 지금 이 자리에서 허둥대지 않을 뿐 아니라, 이미 어긋난 세상과 나를 일치시키기 위해 궤변이나 아부를 늘어놓으려 하지 않는 것도 그 때문이다. 애당초의 출발 상태로 돌아가고자 하기 때문이었다.

그런 생각으로 집을 짓기 시작했다. 무엇보다 올해 그 거사에 착수할 수 있었던 것은 학교로부터 받은 마지막 연구년 덕이었다. 그러나 일을 시작한 지 몇 발짝 만에 코로나 바이러스가 세계를 강타했다. 하루 앞을 내다볼 수 없는 상황이 계속되면서 '집 짓는 일'이 난감했고 남 보기에도 미안했지만, 내친걸음을 돌이킬 수 없었던 것은 '원래의 나로 돌아가는 일'이야말로 대안 없는 선택지였기 때문이다. 그뿐 아니라 나를 철석같이 믿고 있는 가족들을 태운 채 달리던 내 차의 핸들을 급히 꺾거나 급브레이크를 밟을 수 없었기 때문이고, 어려운 시기 잠시라도 내게 와서 자신들의 기술을 제공하겠다고 나선 장인匠人들의 모습이 안타깝게 다가왔기 때문이다.

백규서옥을 지으며, 건축이란 단순한 기술이 아니라 영혼을 일깨우는 종합예술임을 알게 되었다. 건축주와 장인들의 끊임없는 소통을 통해 재료들에 숨결을 불어 넣고, 그 숨결이 음표로 바뀌어 생명을 노래하고 춤추게 하는 마술임을 알게 되었다. 자신의 집을 짓는 일이야말로 자기만의 세계와 자아의 존립 근거를 마련하는 대업大業이다. 집이 없으면 정주定住할 수 없고, 정주하지 못하면 다른 사람들과 공존할 수 없으며, 자신의 변함없는 존재를 입증할 수도 없기 때문이다.

그동안 내 환상 속에만 존재해 오던 백규서옥. 은사 연민淵民 이가 원李家源 선생께서 내려주신 이 옥호屋號의 이면에는 이상을 품고 노력하여 그것을 현실 속에 구현하라는 지엄하신 명령이 들어있다. 시류時流에 영합하여 세상 사람들과 이해를 다투지 말고, 자신의 흠결을 갈아내기 위해 수양할 것이며, 항상 근원을 추탐推探하여 내 존재의 본질을 꿰뚫어 보라는 것이 그 명령의 핵심이다. 그러기 위해서라도 정밀靜謐한 곳에서 주경야독晝耕夜讀을 통해 자아의 본래면목을 깨달을 필요가 있었다. 세상의 극심한 혼란 속에서 건축을 강행할 수밖에 없었던 것도 바로 그 때문이다. 이것이 '무성산 백규서옥 건축'의 정신적 바탕이다. 바야흐로 그 생각을 실행에 옮길 때가 되었다.🍰

SNS 은자들

  이메일과 카톡에는 며칠마다 한두 건씩 모바일 청첩장이나 부고가
뜬다. 다 늙은 자녀들이 느지막이 결혼한다는 소식에 반갑고, 누구의
부모나 장인·장모가 돌아가셨다는 소식에 슬픔을 느낀다. 모바일 청
첩장[혹은 부고]의 페이지를 넘기면 혼주[혹은 상주]에게 축하[혹은
애도]의 글을 남길 수 있고 계좌번호도 적혀 있으니, 복잡한 결혼식장
이나 장례식장까지 가지 않아도 된다는 안도감으로 마음이 편안해진
다. 사실 경조사의 현장에 가는 건 주인공인 친구 혹은 친지를 보는
기회인데, 그마저 귀찮은 것인지 변명을 찾아낼 생각도 없이 편리한
방법을 택하고 마는 요즈음이다.

  고등학교 친구들, 대학 친구들, 직장이나 사회에서 사귄 친구들은
자주 만나지 않아도 늘 가까이에 있다는 착각 속에 살아간다. 그동안
적지 않은 친구들이 세상을 떴다. 어렵게 찾아간 빈소의 영정影幀을
마주하고서야 세월의 격랑 속에서 그들을 거의 만나지 못했음을 깨닫
곤 한다. 우리 모두 가까이에서 교감하지는 못하지만 늘 가까이 지낸
다는 착각 속에 살아가는 이유는 뭘까. 잠시 손끝만 움직이면 문자로,
음성으로, 화상으로 서로를 만날 수 있기 때문이다. 내 손에 폰이 쥐어
져 있기만 하면 어디 있든 친구들이 한집에 산다는 착각에 빠져 지내

는 것이 오늘날의 우리다.

대부분 생업에서 은퇴하여 가정이라는 작은 울타리에 갇혀 지내는 60대 후반. 번잡한 사회생활에서 물러난 뒤 가장 먼저 찾아오는 것이 외로움이다. 너나없이 SNS에 몰입하는 이유도 외로움 때문이다. 외로움이 현대인의 병 자체는 아니라지만 최소한 그 원인으로 지목되는 문제적 심리 현상인 것은 사실이다. 외로움을 덜어보려 SNS에 매달려 보지만, 폰의 스위치가 꺼지는 순간 침묵과 함께 더 깊은 외로움의 심연으로 빠져드는 게 인간이다.

그래서 전통적으로 맺어져 오던 교우관계는 형해화形骸化되고, 특정 관심이나 활동을 공유하는 사이버 공동체에 다시 편입됨으로써 인간관계는 SNS 발전사의 중요한 단계로 진입했다. 다섯 개의 SNS에 가입해 있는 한 친구. 폭발적으로 늘어난 친구들을 관리하기에 하루 해가 짧으니, 어느 틈에 외로움을 느낄 수 있겠느냐고 반문했다. 그 친구들을 만나 본 적 있느냐는 질문엔 대뜸 '없다!'고 답했다. SNS 친구 수는 네트웍 바깥의 현실 친구들에 비해 엄청나게 많으나 그저 관념상의 친구들일 뿐이다.

예로부터 은자隱者들은 많았다. 산속에 은거하는 이, 저잣거리에 은거하는 이, 책 속에 은거하는 이, 가색稼穡에 은거하는 이, 예술에 은거하는 이, 주색酒色에 은거하는 이 등 무수한 은자들이 있다. SNS에 은거하며 가상공간의 인물들과만 소통하는 'SNS 은자'도 있다. 요즈음의 은자들은 독립성과 은폐성이 확보된 가상공간을 자신의 은거처로 삼는다. 그러니 SNS 은자들이여! 부디 그 공간에서라도 미래지향적이고 생산적인 삶을 영위하길 바라노라.🍰

쓴물이나 한 잔 허세!

몇 년이나 지났을까. 일이 있어 고향 간 김에 읍내의 친구 사무실을 찾았다. 누군가와 통화하던 그가 마무리 멘트로 던진 말이 매우 인상적이었다.

"시일 내로 쓴물이나 한 잔 허세!"

'쓴물'이라? 잠시 갸우뚱했다. 그러나 그게 바로 '커피'를 뜻한다는 사실을 깨닫곤, 무릎을 쳤다. 그날부터 아침마다 쓰디쓴 에스프레소 한 잔을 마시면서 그가 깨우쳐 준 '쓴물'의 다의성多義性과 함축성을 곱씹기 시작했다. 최근 설탕과 프림을 듬뿍 넣은 우리네 '막대 커피'의 우수성(?)을 서양인들도 인정하기 시작했다지만, 사실 커피의 매력은 '쓴맛'에 있다. 요즘 젊은이들은 큼지막한 커피잔을 안고 다니는 게 일종의 패션처럼 되어 있다. 대부분 나로선 이름도 외우기 힘든 '달달한' 커피 일색이다. 그러니 요즘 젊은 친구들, 쓴물의 철학적 원리나 약리藥理를 알 리가 없다.

공자는 "좋은 약은 입에 쓰나 병에 좋고, 충언은 귀에 거슬리나 행동에 이롭다[良藥苦於口而利於病이요. 忠言逆於耳而利於行]"고 말씀하셨다. 내 경험상 익모초 달인 물을 포함, 전통사회의 약들은 으레 몸서리 칠 정도로 쓴 것들뿐이었다. 현대인들의 병 가운데 상당수가 당분의 과다 섭취에서 비롯된다는 것도 상식이다. 요즘 대부분의 약은 달콤한 설탕을 겉에 바른 '당의정糖衣錠' 형태로 되어 있는데, 그렇게 해서라도 쓴 약은 먹여야 할 것이다. 그러나 그것 역시 '달면 삼키고 쓰면 뱉는' 인간의 본능적 기호嗜好를 역으로 잘 보여주는 경우 아닌가.

쓴물과 비슷한 표현에 '쓴잔'이 있고, 그것을 한자어 '고배苦杯'로 쓴다. 어떤 시도가 실패하는 경우 '고배를 마셨다'고들 한다. 그러나 '쓴물' 혹은 '쓴잔'과 '고배'가 항상 같은 의미 범주에 속하는 것은 아니다. 인류사 최고의 극적인 쓴물은 성서에서 발견된다. 『신약성서』「마태복음」 26장 39절["조금 나아가사 얼굴을 땅에 대시고 엎드려 기도하여 이르시되 내 아버지여 만일 할 만하시거든 이 잔을 내게서 지나가게 하옵소서. 그러나 나의 원대로 마옵시고 아버지의 원대로 하옵소서."]의 '잔'은 그야말로 지극한 의미의 '쓴잔'이다. 인간의 형상으로 태어나신 예수가 인간의 한계를 벗어나는 마지막 관문에서 당하신 온갖 모욕과 고통을 함축적으로 표현한 것이 바로 이 말 속의 '쓴잔' 아니겠는가. 따라서 그 경우의 '잔'은 패배의 그것이 아니라 승리자가 되기 위한 통과 의례적 고통으로 보는 것이 옳다. 그래서 승리를 쟁취하기 위해 넘어야 할 산이 바로 쓴맛이다.

'와신상담臥薪嘗膽'이란 성어도 있다. 춘추시대 마지막 패권을 다투던 오나라 부차와 월나라 구천에 관한 고사다. 치고받고 싸워오던 과정에서 위기를 모면한 월왕 구천이 전장에서 돌아와 곁에 쓸개를 놓아 두고 항상 그 '쓴맛'을 보며 회계산會稽山의 치욕을 상기하다가 결국 패권을 차지했다는 것이니, 쓴맛이야말로 승리를 위해 필수적인 약이라 할 수 있지 않겠는가.

승리의 환희보다 패배의 고통을 훨씬 자주 경험하는 게 인간의 삶이다. 패배의 고통을 겪지 않은 승리는 큰 의미가 없다. '승승장구乘勝長驅'하는 사람들을 주변에서 자주 목격한다. 그러나, 그것은 남의 입장에서 보는 현상일 뿐이다. 우리가 몰라서 그렇지 그들의 삶도 알고 보면 '성공과 실패'[혹은 '승리와 패배']가 반반, 아니 성공보다 실패가 훨씬 많았을 것이다. 우리는 그저 남의 성공만 볼 뿐, 실패는 알아보려 하지 않는다. 실패 속에 고심참담하던 그들의 모습은 아예 보려고 하지 않는다. 남의 화려한 성공만을 보고 부러워하는 게 장삼이사들의 보편적 심성이기 때문이다.

"쓴물이나 한 잔 허세!"

내 친구의 허허로운 이 말 속에는, 성공을 소망하며 오늘을 성실하게 살고자 하는 장삼이사의 철학이 들어있다. 툭하면 성공의 문턱에서 좌절하는 그들, 아니 우리들. 늘 실패를 맛보면서도 내일은 성공하고 싶다는 소망을 버리지 않고 있기에 우리네 필부필부들은 쓴 커피 한 잔을 마시면서 새로운 도전의 결기를 다지는 게 아닌가.☕

아버지의 지게

　연구실과 강의실을 왕복하던 현직 시절, 일상의 단조로움을 깨는 유일한 즐거움은 수영이었다. 거의 매일 한 시간 정도 물에 들어가 숨차게 땀을 빼고 나면 온몸이 가뿐했다. 쉼 없이 30차 왕복하면 36~40분이 소요되는 25m 레인에서 가당치 않게 대양의 돌고래들을 꿈꾸곤 했다. 가끔 어깨에 통증이 느껴졌지만, 그럴수록 더 열심히 하면 며칠 지나지 않아 가라앉곤 했다.

　통증이 가라앉은 뒤 갑자기 욕심이 생겼다. 36분에서 30분으로! '기록 단축'의 헛된 욕망에 사로잡혔던 것. 팔을 최대로 뻗어 큰 원을 그리며 스트로킹(stroking)의 소요 시간을 줄이고자 했다. 서너 바퀴째 왼쪽 어깨에서 '우두둑' 소리가 들렸다. 하룻밤을 자고 나니 어깨에 통증이 느껴졌다. 그래서 며칠간 더 '미친 듯이' 팔을 휘둘렀다. '수영으로 생긴 통증은 수영으로 극복해야 한다'는 '개똥철학'을 실천이라도 하려는 듯.

　초년 교수 시절, 따르던 영문과 원로 교수가 계셨다. 심장병으로 투병하시던 분이었다. 하루는 내게 "이제부턴 어그레시브하게(aggressively) 살아야겠어요!" 자신감에 넘치는 그 분의 어투가 참으로 비장하면서도 아름다웠다. 그로부터 한 달쯤 후 영안실에서 그분의 영정을 마주하게 되었다. 내 어깨의 통증과 관련하여 새삼 그분이 생각난 건 왜였을까.

이를 악문 수영이 지속되면서, 극복되기는커녕 통증은 점점 더 묘하게 바뀌어 갔다. 4~5일쯤 지나 '이건 아닌데?' 하며 병원을 찾았다. 사진을 찍어보니 '어깨 근육 파열'이었다. 의사로부터 수영금지의 선고를 받고는 '근육 재생'이라는 지난至難하고 지루한 공정工程에 돌입했다. 어깨가 아프니 참으로 행동에 제약이 많았다. 나도 모르게 '아악!' 하는 외마디 소리를 지르게 되는 순간들도 적지 않았다. 자동차를 몰고 다니며 작은 볼트 하나만 빠져도 차가 덜컥 서지 않던가. '어깨 하나쯤이야!'라면서, 어깨 치료를 받고 있던 친구들을 대수롭지 않게 바라보아온 나였다. 늦은 깨달음이었다.

아픈 어깨를 어루만지는 동안, 또 하나의 깨달음이 찾아왔다. 아버지였다. 평생 지게를 지고 사시던 내 아버지와 고향 동네의 많은 '아버지들'이었다. 산 같은 나뭇짐을, 바윗덩이 같은 벼 가마니들을, 끙끙 짊어지고 다니시던 아버지들. 그분들의 어깨는 어떠셨을까? 툭하면 수술했다며 고통을 호소하는 요즘 친구들의 그 '회전근개골'이란 명칭을 당시의 그분들은 알기나 하셨을까? 농사일의 80%는 지게질인데, 그분들의 어깨는 철골로 만들어졌단 말인가. 지게에 얹힌 삶의 무게는 과연 어떠셨을까. 저 육중한 쇳덩어리 크레인인들 몇 년이나 지탱할 수 있을까. 아마 단 몇 년 지나면 고장으로 폐기되기 일쑤이리라. 그러니 '아버지 어깨'의 위대함을 어찌 말로 표현할 수 있으랴.

고작 수영이나 '즐기다가' 어깨 근육 파열로 끙끙대면서 비로소 '아

버지의 지게'를 떠올렸으니. '사람의 자식'으로서 낯을 들기가 민망한 나날이었다.☕

부끄러움과 자존심

　염치없는 인간들이 신경을 날카롭게 하는 요즈음. 염치의 뜻을 모르는 사람이 많고, 알아도 무시해 버리는 사람은 더 많다. 몇 겹의 중죄를 지은 파렴치한(破廉恥漢·부끄러움을 모르는 뻔뻔스러운 사람)이 사람들을 다스리겠다고 나선 나라. 어린이들이 죄인을 우상으로 섬길 수밖에 없는 나라가 드디어 실현된 것인가.

　역사상 우리의 중세를 지배한 사상은 유학이었고, 그 이데올로기는 통치의 이론적 근간이었으며, 그 유교 이데올로기에서 나온 것이 염치다. '부끄러움을 살핌'·'부끄러움을 행동이나 판단의 기준으로 삼는 마음'이 바로 염치의 1차적 풀이, '남에게 신세를 지거나 폐를 끼칠 때 부끄럽고 미안한 마음을 가지는 상태'·'체면을 차릴 줄 알며 부끄러움을 아는 마음' 등이 2차적 풀이다. 그래서 염치는 '예의禮義'와 함께 쓰이는 말이기도 하다.

　누구도 홀로 있는 상황에서 염치를 거론하는 경우는 없다. 남들의 사회적 행동을 평가하거나 헤아릴 때 염치의 유무有無가 우선되는 것을 보면, 분명 인간관계에서 작동하는 가치 기준이 바로 염치임이 틀림없다. 우리처럼 염치를 중시하고, 염치 때문에 쭈뼛거리는 집단정서를 갖고 있는 민족도 많지 않다. '찬물 마시고 이빨 쑤시면서 배고픔의 기색을 남들에게 보이지 않는' 자존심 강한 민족이었다. 그래서 염치는 집단적 수퍼에고(super ego)의 가장 확실한 발현태發顯態이기도 하다. 박인로朴仁老의 <누항사陋巷詞> 중 한 부분.

가뭄이 몹시 심하여 농사철 다 늦은 때에
서쪽 두둑 높은 논에 잠깐 갠 지나가는 비에
길 위에 흐르는 물을 반쯤 대어 놓고는
소 한 번 빌려 주마하고 엉성하게 하는 말을 듣고
친절하다고 여긴 집에
달 없는 저녁에 허위허위 달려가서
굳게 닫은 문밖에 우두커니 혼자 서서
'에헴' 하는 인기척을 꽤 오래도록 한 후에
"어, 거기 누구신가?"<*농민의 물음>
"염치없는 저올시다."<*박인로의 대답>
"초경初更도 거의 다 되었는데
무슨 일로 와 계신고?"<*농민의 물음>
"해마다 이러하기 구차한 줄 알지마는
소 없는 궁가窮家에 근심 많아 왔삽노라."<*박인로의 대답>

박인로가 소 한 마리 있다고 거들먹거리는 부자 농민에게 쭈뼛거리며 찾아가 수모를 당하는 광경이다. 이 글의 핵심은 '염치'다. 염치가 중요하지만, 먹고 사는 문제 때문에 염치를 잠시 접어둔 정황이 드러난다. 생각해 보시라. 어엿한 양반이었던 박인로. 임진왜란에 수군의 하급 장교로 참전하면서까지 나라 위해 헌신했고, 지도적 신분 계층으로서의 자부심과 명예를 그토록 중시했으며, 같은 작품에서 "일노장수(一奴長鬚·노비의 길게 기른 수염)는 노주분(奴主分·노비와 주인의 명분)을 잊었다"고 변화된 세태를 탄식하기도 한 그였다. 그런 그가 자신과 가족들의 배고픔 때문에 염치 불고不顧하고 상민에게 찾아가 구차한 말을 건네게 된 것이다. 그러나 보기 좋게 거절당한 그는 집에 돌아와 밤새 잠 못 이루며 번민하던 끝에 결국 '안빈낙도安貧樂道'의 이념적 허울 속으로 들어가 잠시 잃어버렸던 염치를 찾아내고 마는 것이다. 그게 바로 이 땅의 지도층이 추상같이 지키려던 염치였다. 구복口腹의 억압을 뛰어넘어 지키고자 했던 자존심의 문고리가 바로 염치였다.

중세 이래 우리가 늘 강조해 온 염치. 비록 쌀독이 비어도 염치를 잃어선 안 된다고 역설해 온 우리였다. 그 염치는 체면이고 자존심이다. 굶어 죽을지언정 돼지우리 속의 밥알을 줍지는 않겠다는 오연한 패기가 바로 염치다. 허균許筠이 말한 '도문대작(屠門大嚼·돈이 없어 푸줏간을 그냥 지나치면서도 크게 입 벌려 씹는 시늉을 하는 행위)'은 고기를 먹고 싶은 욕망의 표현이기도 하지만, 구차한 말을 건네지 않고 내면의 욕망을 억누르는 염치의 극적인 표출이었다.

99원 갖고 있으면서 가난한 사람들의 1원을 빼앗아 더 부유하게 되는 사람을 '치열한 승자'로 선망하는 시대, 달랑 몇 푼 되는 재산이나마 덜어내 더 가난한 사람에게 베푸는 사람을 비아냥거리는 시대, 배고프지 않을 정도의 재산을 갖고 있으면서도 좀 더 가진 사람을 배아파하며 욕심부리는 시대, 남들이 부러워하는 명예를 갖고 있으면서도 그것으로 만족하지 않고 재물까지 탐하는 게 일상이 된 시대, 재물

을 가진 사람들은 그 재물을 이용하여 명예까지 확보하려 애쓰는 시대
가 되었다.

　세월 참 많이도 바뀌었다. 염치란 무능이나 무력을 합리화하는 '값
싼 수단'이라 생각하는 사람들이 이 사회의 다수가 되었으니 말이다.
부끄러움을 모르는 자는 사람도 아니라고 단언한 맹자가 혹시 이 나라
에 환생할까 두려워지는 나날이다.🍵

심안心眼으로 살기

    집안 내력 덕분일까. 나는 꽤 오래 밝은 눈을 지킬 수 있었고, 어려서부터 안경에 의존하는 친구들을 이해하기 어려웠다. 그런 나도 40대부터 최근까지 돋보기에 의지하여 살아왔다. 글 빚을 갚기 위해 책 한 권 출판하게 된 두 해 전의 일이다. 초교 때 눈앞에 회색빛을 띤 아지랑이가 피어오르기 시작하더니 마지막 교정을 완료한 날 자욱한 안개가 컴퓨터 모니터를 가렸다. 안과의사에게 달려갔고, 급성 백내장의 판정을 받았다. 시력을 잃을 순 없어 5분간 고민한 뒤 두 눈의 수정체를 모두 갈아 끼우기로 했다. 2~3주 병원 출입 끝에 눈의 안대를 제거하는 순간 모든 물체가 생동하는 색깔로 내게 다가왔다. '현존 세계 최고의 수정체를 장착하게 되었다'는 의사의 너스레를 수긍할만했다. 개안開眼이란 이런 것인가. 물상들의 본색이 그토록 찬란할 수 없었다. 꿈결처럼 보낸, 며칠간의 황홀함이었다.

    그즈음부터 수술 전엔 보이지 않던 것들이 보이기 시작했다. 거울에 비치는 얼굴의 잔주름, 아내의 새치, 친구의 흉터, 이빨 사이의 고춧가루, 음식점 밥그릇 틈의 때, 창틀의 먼지, 떨어진 단추, 뒤축이 해진 구두(...). 보지 않는 게 나은 것뿐이었다. 그 밖의 일들도 있다. '눈이 좋아지면 책을 두 배로 읽고, 임시 제목만 메모해 둔 모든 글도 일사천

리로 완성하리라'던 다짐들. 그 일들은 하릴없이 뒤로 밀렸다. 눈 어두울 땐 곰곰 생각하며 마음으로 헤아리던 일들을 더 이상 하지 않게 된 것도 문제였다. 인공이긴 하나 육안이 밝아질수록 세속에 대한 욕심은 더 두꺼워지고, 심안은 어두워지고 있었다. 모든 이들이 나보다 나아 보이고, 좀 더 나아 보이려면 무엇을 갖춰야 할지 신경 쓰게 되었다. 눈에 보이는 것들이 너무 많으면 심안은 닫혀간다는 몇몇 어른들의 말씀이 맞았던 것일까.

<병목病目>이란 시를 남긴 고려 명종 대의 문사 복양 오세재吳世才. 죽림고회의 일원이었던 그는 눈이 나빠진 말년에 고생깨나 한 듯하다.

老與病相隨	늘그막에 병까지 따르니
窮年一布衣	한평생 포의의 신세로다
玄華多掩映	눈은 어릿거려 보이지 않는 게 많고
紫石少光輝	눈동자도 광채가 적어졌네
怯照燈前字	등 앞에서 글자 보기 겁나고
羞看雪後暉	눈 온 뒤 햇빛 보기 부끄럽네
待看金榜罷	과거시험 발표 보기를 기다리며
閉目坐忘機	눈 감고 앉아 기심을 잊노라

제3구에서 '눈은 어릿거려 보이지 않는 게 많다' 했고, 제5구에서 '등 앞에 글자 비춰보기 겁난다' 했으며, 제7·8구에서 '과거 합격자 명단 보기를 기다리다/눈 감고 앉아 속세의 욕심 잊어 버린다' 했다. 육

안이 세상의 창窓임을 이보다 더 절절히 표현할 수 있을까.

문장의 라이벌 유한준에 대한 답신에서 연암 박지원朴趾源은 서화담徐花潭의 이야기 한 꼭지를 인용했다. 화담이 외출했다가 울고 있는 사람을 만나 그 연유를 물었단다. 20년 동안 눈이 보이지 않다가 (오늘) 아침나절 갑자기 천지 만물을 환히 볼 수 있게 되어 기뻐서 집으로 돌아가려는데, 밭둑에 갈림길이 많고 대문들이 서로 같아 제 집을 알 수가 없으므로 울고 있다는 게 그의 답변이었다. 그러자 화담이 '네 눈을 도로 감으면 바로 네 집이 나올 것'이라고 말해주니, 그는 다시 눈을 감고 지팡이로 더듬으며 발길 가는 대로 걸어가 집을 찾을 수 있었다는 일화다.

내 경험으로 미루어 복양은 백내장 환자였음이 분명하다. 과거 급제도 포기하는 등 세상의 욕심을 잊어야 한다는 깨달음의 출발점은 육안의 한계와 허망함이었다. 망상을 버리고 본분으로 돌아가라는 가르침을 주고자 한 연암은 왜 맹인의 일화를 가져왔을까. 육안의 창을 통해 들어와 심안을 혼탁하게 하는 세상의 물상들과 욕망에서 떠나 오염되지 않은 심안의 인도를 따르라는 뜻이었으리라.

나는 원래의 육안을 버리고 새롭게 눈을 떴으나, 심안이 피폐해지면서 잠시 길을 잃었었다. 눈 어두운 채 세속의 욕망을 포기한 복양처럼, 아니 갑자기 떠진 눈을 다시 감고 제 길을 걸어간 맹인처럼 살 수만 있다면, 이미 쇠락해진 내 심안도 다시 살아날 것 아닌가. 부실했던 육안을 숫돌 삼아 내 심안을 더욱 벼릴 수 있다면, 이웃들의 좋은 면들만 보며 세상을 좀 더 아름답고 따뜻하게 살 수 있지 않겠는가. 이처럼 귀한 심안을 홀대하면서까지 그간 나는 무슨 욕망을 좇았던 것일까.

불통의 시대를 살며

개인정보 보호 의식이 웬만큼 정착되었을 법도 하지만, 가끔 나 스스로 생소하게 느껴지는 경우가 없지 않다. 20여 년 전 학기 말의 일. 자꾸만 나로부터 도망하려는 영어를 붙잡아 앉힐 겸 매주 한 번씩 몇몇 교수들과 함께 만나는 외국인 교수가 있었다. 그와 여러 학기를 지속적으로 만날 때도 있었고 한 학기만으로 끝날 때도 있었으나, 학기가 끝날 무렵이면 언제나 그에게 고마운 마음으로 식사 한 끼 대접해 온 것이 내 원칙이었다. 그렇게라도 해서 그와의 관계를 유지하려는 의도가 없었던 건 아니나, 사실은 너무 무미건조한 외국인에게 끈끈한 인간관계의 전통을 보여주고 싶은 욕망이 컸기 때문이다.

그런데 공교롭게도 학기 내내 부득이한 일들로 시간을 빼먹다가 그 교수와의 마지막 시간마저 놓쳐 버렸다. 더구나 학기 중 그의 개인 연락처를 알아놓지도 못한 나는 하는 수 없이 외국인 교수들을 관리하는 사무실로 전화를 걸 수밖에 없었다.

- 나: "내가 국문과 조 아무개 교수인데, 아무개 교수와 통화 좀 할 수 있을까요?"
- 조교: "지금 안 계시는데요."
- 나: "당연히 그분의 전화번호를 알려주진 않겠지요?"

- 조교: "예."
- 나: "그럼 내 전화번호를 남길 테니, 전화 좀 해 달라고 알려드리시오."
- 조교: "알겠습니다. 그런데, 용건이 뭐죠?"

그러지 않았더라면 좋았을 텐데, 그 조교가 용건을 묻는 순간 화통이 터졌다. 교수가 자신의 신분과 전화번호를 알려주며 같은 학교 교수에게 전화 좀 해달라고 부탁하는데, 무슨 용건으로 그와 통화하려는지 묻는 조교 녀석이 멍청하고 야속해 보였기 때문이다.

"야, 학생! 용건은 왜 묻는 거야? 교수가 같은 학교 교수에게 연락처까지 남기고 전화를 부탁하고 있는데, 개인적으로 할 이야기까지 자네에게 알려줘야 하는 거야? 외국인 교수에게 왜 그리도 저자세인 거야?"

그는 깜짝 놀라는 듯했다. 전화를 끊고 나서도 한동안 화가 가라앉지 않았다. '짜식들, 한국에 왔으면 한국의 방식을 따라야지!' 라고 중얼거리며, 자신의 정보 관리에 철저한 서양 사람들과 그들에게 과공過恭하는 듯한 조교를 괜히 비난하는 나를 발견하게 되었다.

'학진[한국학술진흥재단의 약칭. 현재는 한국연구재단]' 사이트에 교수들의 연락처가 상세히 올려져 있던 때가 있었다. 연구소 일, 학회 일, 논문 심사 의뢰, 강사 섭외, 자료 문의 등등. 일면식도 없는 타 대학의 교수들에게 연락할 일들이 수시로 생겼고, 그때마다 학진 사이트가 내 수첩 역할을 톡톡히 해내곤 하던 시절이었다. 학진 사이트가 있어 참 편리했고, 행복하기까지 했다. 그러던 어느 날부터 학진 사이트에서 개인 연락처가 '싸악' 사라졌다. 어두운 산길을 가던 중 등불이 꺼진 것처럼 답답했다. 일이 생길 때마다 접촉할 교수의 재직 대학 해당 학과 사무실로 연락할 수밖에 없었다. 그러나 앳된 목소리의 대학원생 조교는 '알려드릴 수 없다'는 말만 앵무새처럼 되풀이했다. 그럴 때마다 내 연락처를 남기지만, 원하는 시간 안에 연결되는 경우는 거의 없었다. 참 답답한 시절이 도래한 것이었다. 은행, 보험사, 통신사, 신문사, 캐피탈, 장애인 협회, 기획부동산 회사 등등, 헤아릴 수 없는 불청객들이 전화를 해대고, 온갖 스팸메일들을 보내오는데, '놈들'은 과연 어떻게 내 연락처를 알아냈단 말인가.

몇 년 전 몇몇 일본의 교수들을 급히 접촉해야 할 일이 있었다. 그러나 도통 연락처를 알 도리가 없었다. 대학 홈피의 어느 구석에도 나와 있지 않았다. 하는 수 없이 해당 대학 사무실로 전화했다. 그 대학 직원 가운데 영어를 할 줄 아는 사람을 간신히 찾아 내 뜻을 전했으나, '그 교수의 이메일 주소를 알려드릴 수 없다/본 대학으로 공문을 보내 이메일 주소 알려주기를 신청하면, 그 교수에게 연락하여 허락을 받은 다음 이메일 주소를 알려줄 수 있다/개인 전화번호도 마찬가지다'라는 것이 알아듣기 힘든 그의 영어 가운데 겨우 짐작할 수 있는 내용이었다. '참 대단한 놈들이다!'라고 혀를 차면서도 끝내 어쩔 수 없었다.

이런 답답함을 참지 못하는 나는 보란 듯이 내 정보를 홈피와 블로 그에 대문짝만하게 게시해 놓았다. 누구의 연락도 사절해야 할 만큼 바쁜 내가 아니며, 빼앗길 것이 두려울 만큼 돈이 많은 내가 아니며, 남들에게 위해危害를 당할 만큼 나쁜 짓을 하고 사는 내가 아니며, 그나마 빼꼼히 뚫린 이메일 주소를 막아놓아야 할 만큼 주변에 친구들이 득실대는 나도 아니기 때문이다. 대문을 활짝 열어놓고 지내는 지금도 내게 연락을 주는 사람들은 가뭄에 콩 싹 나듯 할 뿐인데, 그나마 막아놓을 경우의 적막함을 어떻게 견딜 수 있단 말인가. 심심치 않게 답지하는 스팸메일들이야 약간의 손가락 운동만으로도 쓰레기통에 던져넣을 수 있으니, 운동량이 모자라는 요즘 세상에 얼마나 좋은 일인가. 정신만 온전히 차리고 산다면, 이메일을 타고 숨어드는 좀도둑들쯤이야 간단히 제압하고도 남을 터. 그러니 제발 '열어놓으라고 만든' 문들을 꼭꼭 닫아건 채 '소통疏通'의 구두선口頭禪만 외쳐대는 위선자들은 되지 맙시다!🍵

'헬조선'을 '유(토피아) 조선'으로!

　몇 년 전, 작은 술자리에서의 일이다. 여러 세대가 골고루 섞인 자리. 젊은이들이 약간 많았다. 어쩌다 '헬조선'[열심히 노력해도 살기 어려운 우리나라를 '지옥 같다'고 부정적으로 표현한 말]이란 말이 나왔고, 그에 대한 논전이 들을 만했다. 젊은 세대의 대부분과 비판적인 중늙은이들은 대체로 우리나라를 '헬조선'으로 평가하는데 주저함이 없었다. 그러다 보니 그 말의 부당성을 조목조목 따지고 나선 소수의 온건한 젊은이들이 오히려 돋보이기도 했다. 물론 '가스통 할배들'은 입에 거품을 물고 '헬조선'이란 명칭의 부당성을 성토했다. 그 말이 생각보다 이념적 내포가 복잡하다는 것을 즉석에서 깨닫게 된 것도 그 때문이었다. 누가 처음 이 말을 고안했는지 알 수는 없다. 그러나 이 말이 이 시대 우리 사회의 분열적 단면들을 뚜렷하게 함축하고 있는 것만은 분명했다.

　이 말을 두고 우리 지식사회의 담론들이 쏟아져 나왔음을 잘 안다. 게으른 탓이기도 하지만, 솔직히 지금까지처럼 앞으로도 나는 그들의 해석을 듣고 싶지 않다. 건방진 단정일지 모르지만, 들어보나 마나 서구 이론가들을 들먹이며 자신의 생각을 현학적으로 분식하는 정도가 고작일 것이기 때문이다. 이 땅의 불행한 세대가 자조적으로 만들어낸 용어를 잘도 활용하여 부지런히 논문으로, 저서로 찍어내는 그들이 부러울 때도 없지는 않다. 그러나 십중팔구 특별한 결론은 없을 것이다. 서양 학자들의 담론을 끌어다가 우리 젊은이들의 자포자기적 심정을 분석하여 논리화 시켜본들 무엇이 후련하단 말인가. 지금도 갈 곳이 없고, 이른 아침 직장으로 출근하는 아버지와 마주치기 싫어 아침 식탁에도 못 나오는 자식들이 그득한 이 나라의 현실이 어떻게 나아질 수 있단 말인가.

현직 시절 나는 학부 고학년의 강의를 맡고 싶지 않았다. 생기 잃은 그들과 눈동자를 맞추는 일이 곤혹스러웠기 때문이다. 대학 강의에서는 눈빛만으로 할 말을 대신하는 경우가 제법 된다. 눈을 맞추지 못하면 내 마음을 전할 수 없고, 그들의 영혼과 만날 수도 없다. 대학을 나와도 휘파람 불며 나갈 직장조차 주어지지 않는 게 현실이다. 어쩌다 직장을 마련해도 출근하는 발걸음이 가볍지 않다. 일이 과중하거나 직장의 분위기가 영 시원치 않을 경우도, 보수가 쥐꼬리만한 경우도, 그나마 계약직인 경우도, 상사들이 '개차반' 같은 경우도, 교통지옥으로 파김치가 되어야 직장에 도착하는 경우도 있을 것이다. 그러니 같은 처지의 또래들끼리 만나면, 무슨 좋은 말들이 나올 수 있으랴. 대충 짐작되는 온갖 불평들이 쏟아져 나오고 있을 것이다. 그런 것들의 최대공약수로 뽑힌 말 하나가 바로 '헬조선' 아닌가.

그렇다면, 그 '헬조선'의 책임 추궁은 어디로 향할까. 기성세대, 재벌, 정치권 등 이른바 기득권세력, 그중에서도 현실적인 힘을 가진 계층임을 확인할 수 있었다. 괜히 딴죽걸기 좋아하는 이 땅의 운동권 출신들이나 좌파들이 이들을 만나 어울리게 되면, 그 장소는 자연스럽게 대통령과 정부 여당의 성토장이 되는 것을 목격할 수 있다. 물론 지금의 대통령과 정부 여당이 잘한다고 할 수는 없지만, '헬조선'의 책임을 몽땅 이들에게 뒤집어씌운다면, 그들이 참 억울하리란 생각이 들기도 한다. '헬조선'을 입에 달고 다니는 사람들은 대체로 젊은 세대나 좌파 인사들이다. 가끔 배낭을 짊어지고 해외여행에 나서곤 하는 어떤 젊은 이가 그 속에 있었다. 언젠가 그가 말했다. 외국에 나가봐야 우리나라 좋은 줄 안다고. 나는 그 말을 듣는 순간, 무릎을 쳤다. 그래, 누구나 집 안에만 틀어박혀 있으면, 집이 지옥처럼 느껴질 것이다. 세상 어느 곳에도 유토피아는 없다. 나보다 못한 이웃들을 만나 봐야 비로소 내 집의 장점도 눈에 들어오는 법이다. 우리가 선망하는 세계 최강 미국에도 1~2%만 빼곤 모두 허덕대는 장삼이사들이다. 우리처럼 모든 국민에게 보편적으로 적용되는 단일 공공 의료보험은 아예 없고, 심지어 개인의료보험(Private Health Insurance)도 없는 사람들이 수두룩한 나라가 미국이다. 몇 년 전 잠시 머물던 미국의 어느 도시에서 병원에 갈 일이 생겼었다. 예약이 필수라 하여 해당 진료 병원에 전화를 걸었다. 접수 아가씨가 대뜸 '무슨 보험을 갖고 있느냐?'는 생소한 질문을 던졌다. 보험사 이름을 대니 자기네 병원과는 거래하지 않는 보험사란다. 세 번째 병원에 전화를 걸고 나서야 비로소 예약을 할 수 있었다. 만약 내게 의료보험이 없었다면, 아예 병원을 갈 수 없는 곳이 미국이었다.

그 학교의 교수에게 물으니, '미국인의 약 40%가 보험이 없다'고 답했다. 과장이겠지만, 그런 곳이 미국이다. 요즘 나는 툭하면 몸 이곳저곳에 문제가 생겨 뻔질나게 병원을 드나든다. 그럴 때마다 이름과 주민등록번호만 내면 어느 지역에서나 값싸게 치료를 받을 수 있다. 하루 이틀 지나 몸이 좋아지면 미국 생각이 나곤 한다. 아무리 미국이면 무엇 하랴. 몸 아플 때 비싼 보험 없으면 아예 예약조차 못하는 곳인데. 미국인들이 지방 어느 곳엘 가도 어느 병원엘 가도 의사로부터 친절한 진료를 받을 수 있는 곳이 우리나라임을 알게 된다면, 그들이 과연 '헬조선'이란 말을 이해하겠는가.

그 시절 '문화일보'를 보다가 유머 코너에서 다음과 같은 글을 읽었다. 공감이 가는 글이라 송두리째 옮겨본다.

두 직원이 자기네 회사가 교도소보다 안 좋은 이유를 들먹이며 잡담을 나누고 있었다.
직원 A: "교도소는 세끼 밥을 무료로 먹여 주는데, 회사는 내 돈 주고 사 먹어야 하잖아?"
직원 B: "그러게 말이야. 교도소에서는 가끔 TV를 볼 수 있는데 회사에서 TV 보면 바로 잘리지."
직원 A: "하루 종일 2평짜리 공간에 갇혀 있는 건 교도소와 다를 바 없다니까."

그때 공교롭게도 이 말을 들은 사장이 두 사람을 불렀다.
사장: "기쁜 소식이 있네. 자네들은 가석방되었어. 이제 자유의 몸이라구! 내일부터 안 나와도 된다네!"

절대적인 지옥이나 천당은 없다. 늘 나보다 못한 사람들을 생각하며 내 장점을 살려 나갈 생각을 해야 한다. '헬조선'을 노래하면 진짜로 우리나라가 지옥으로 변한다. 왜 지옥인지 남들은 어떻게 살아가는지 먼저 확인한 뒤 '자기 비하'를 해도 늦지 않다.

케이팝(K-pop)에 취한 외국 젊은이들은 대한민국을 환상의 나라로 알고 있다는 글을 읽은 적이 있다. 중앙아시아에서 러시아에서 만난 젊은이들은 돈 벌러 한국에 가는 꿈을 꾸고 있었다. 미국의 대학에서 만난 젊은 학자를 도와 우리나라에서 장학금을 받으며 1년간 공부할 수 있게 다리를 놓아 줬더니, 코가 땅에 닿게 고마워했다. 한중 수교 초기 학술답사차 중국에 갔다가 '불편해서 죽을 뻔'했다. 비행기가 인천공항 상공에 이른 것을 보고 괜히 눈물이 나왔다. 이렇게 좋은 우리나라의 장점을 우리만 모른 채 살고 있었음을 깨달았던 것이다. 괜히 '종북주의'로 의심받을 대열에 섰다가, 주변 사람들로부터 '북한으로 보내라!'는 욕을 얻어듣고 나서야 정신을 차렸다는 한 친구도 있다.

'헬조선'의 주문呪文을 외우다 보면, 어느덧 자신도 '헬조선'의 주민으로 고착되고 만다. 우리는 한순간도 희망을 놓아서는 안 된다. '헬조선'을 '유(토피아)조선'으로 고쳐 불러야 한다. 아무도 나를 도와주지 않으니, 우리나라를 유토피아로 만들기 위해 최선을 다해야 한다. 세상 사람들이 대한민국을 주목하기 시작했다는 것. 어느 정치인의 말이 거짓 아님을 외국에 나가서야 나는 비로소 깨닫게 되었다. '우리나라 만세!'다. 🍶

달걀의 추억

　몇 해 전인가. 이웃 '소랭이펜션'의 유수근 사장이 삶아 먹어보라며 달걀 열두 알을 갖고 왔다. 모처럼 내려온 일곱 살짜리 손녀 영빈이 돌아가는 길에 모두 들려 보냈다. 한 달쯤 지나 영빈네 가족이 차에 삐약삐약 울어대는 병아리 아홉 마리를 싣고 왔다. 그 달걀들을 인공 부화기에 넣었더니 이십여 일 만에 열두 알 중 아홉 알이 부화되었다는 것. 내 서재의 작고 따뜻한 우리에서 애지중지 두 달 동안 키웠다. 병아리들이 날갯짓을 하게 되면서 집 앞 풀밭에 서둘러 닭장을 지었다. 오골계와 청계가 반반. 장날 시장에 나가 오골계와 청계를 섞어 3마리를 보충하니 모두 12마리의 중닭들이 오글거렸다. 수탉 한 마리에 암탉 11마리. 이상적 성비性比에 넓고 쾌적한 환경, 닭들이 행복해 보였다. 녀석들은 얼마 뒤부터 매일 유정란 두세 알씩 우리 손에 안겨 주었다.

　우리는 매일 한 알씩 건강한 유정란들을 맛보고, 아침마다 정성으로 배합한 음식을 녀석들에게 제공했다. 닭이 40년 산다는 속설을 얻어들은 우리는 녀석들과 '백년해로百年偕老'하기로 약속했다. 언제까지 달걀을 낳을지 모르나, 설사 알을 낳지 않으면 어떠랴. 이 전원 속에서 서로 바라보는 것만으로도 마음이 포근해지는 것을.

　어릴 적 달걀의 추억은 늘 마음을 따뜻하게 한다. 학교에서 쓸 연필이나 도화지를 사기 위해 우리는 자주 달걀 한두 개를 소중하게 들고 등교하곤 했다. 학교 앞 '송방'[그 때는 학교 앞 가게를 그렇게 불렀는데, 그 이유는 지금도 모른다]에서 돈 대신 달걀을 내는데, 달걀 시세에 따라 연필이나 도화지의 수량이 달라지곤 했다. 어른들은 매달 1자 들어가는 날[1일/11일/21일/31일]과 6자 들어가는 날[6일/16일/26일]마다 면 소재지에 서는 5일 장으로 달걀 대여섯 줄[한 줄에 10개씩]을 꾸러미에 담아 장에 갖고 나가셨다. 달걀값이 물건의 양과 질을 결정하는 건 어른들의 경우도 아이들과 마찬가지였다.

밖에서 이슬에 젖어 꼼지락대는 벌레도 쪼아 먹고, 배추밭에 잠입하여 싱싱한 야채도 먹고, 익어가는 벼알도 슬쩍슬쩍 훔쳐 먹는 게 어릴 적 닭들의 오전 일과였고, 점심 무렵부터 오후 두세 시까지는 각자가 찜해 놓은 장소에서 알을 낳곤 했다. 학교에서 돌아와 점심을 먹고 나면 으레 바가지 들고 집 주변 풀밭이나 짚 누리를 헤집고 다니며 달걀들을 거두었다. 하루 수확물이 몇 알 안 될 경우는 그냥 쌀독에 묻어두기도 하지만, 꽤 많은 날엔 왕겨를 담아놓은 섬에 차곡차곡 넣어 두었다. 장날 갖고 나가 팔기 위해 모아야 하기 때문이었다.

그러니 달걀을 먹는 건 큰 호사였다. 달걀은 특별한 경우에만 먹을 수 있는 특식이었다. 간혹 몸살이라도 앓고 나면 어머니는 으레 달걀 하나를 깨서 내 밥 속에 숨겨주시곤 했다. 다른 식구들 눈치가 보여 미안하긴 했지만, 어머니의 사랑을 느껴서 그랬는지, 금방 몸이 좋아지곤 했다. 닭을 잡거나 달걀을 먹는 건 잘해야 1년에 한두 번. 그만큼 닭과 달걀은 귀했다. 나는 그런 세월을 살았다. 요즘 아이들 젖 떨어지자마자 치킨을 달고 사는데, 참으로 격세지감을 갖게 하는 광경일 수밖에 없다.

물론 달걀에 관한 슬픈 추억도 있다. 지난 시절 언젠가 TV 화면에 판을 뒤집어 달걀을 쏟아내고 짓이기는 광경이 생생하게 방영되고 있었다. 깨지는 달걀보다 달걀을 쏟아내는 사람들의 무표정이 나를 더 답답하게 했다. 이름도 생소한 살충제들로 달걀이 수난을 받기도 했고, 조류독감으로 닭들이 살 처분되어 달걀과 닭고기가 동시에 품귀현상을 보이기도 했다.

산채로 비닐봉지에 담겨 구덩이에 매몰되는 닭들을 보며 한동안 밥맛을 잃은 적도 있었고, 달걀이 무더기로 깨어지며 땅에 묻히는 경우도 빈번했다. 언젠가 A4용지 두어 장 크기의 공간에서 제대로 앉거나 눕지도 못하며 먹고 알 낳는 일만 반복하는 닭들을 보았다. 달걀 생산이 시원치 않은 노계老鷄나 폐계廢鷄 등은 헐값으로 삼계탕집이나 치킨집으로 팔려나간다니! 생명을 대하는 인간의 잔인함. 그 끝이 어디인지 몰라 몹시 불편한 나날이 지금도 계속된다.

내 집에 살고 있는 닭들이 행복했으면 하는 것이 내 작은 소망이고, 가끔 안겨주는 싱싱한 달걀을 통해 그들의 행복을 확인하는 것 같아 나 또한 행복하다. 갓 낳은 달걀들의 온기를 느끼며 행복하고 따스했던 추억을 오래 간직할 수 있었으면 하는 에코팜의 아침이다.🎂

도연명처럼 살기

산골 마을 에코팜에 들어와 뿌리를 내렸다. 에코팜이란 에콜로지 (Ecology)와 팜(Farm)의 합성어이니, '생태 농원' 쯤으로 번역될 수 있을까. 그러나 요즘 사람들은 에콜로지라는 말에 익숙하고, 외국 친구들이라도 찾아오면 '잡초밭에서 헤매는' 내 뜻을 대뜸 알아줄 것이니, 그냥 에코팜이라 부른다. 번잡한 세상을 피해 조용한 전원으로 돌아가 내면을 관조할 때가 된 것일까. 전원에서 심원한 도道의 궁극을 추구한 옛날의 은사들과 내 생각이 일치하리라는 믿음이 해가 갈수록 깊어진 것이다. 에코팜에 들어와 세상에서 힘들여 얻은 한 줌의 씨를 뿌리고 가꾸며 실타래처럼 얽혀버린 지난날의 내 삶을 정리해 보리라. 그것이 내가 전원을 찾게 된 생각의 단초였다.

20대부터 열심히 글을 써서 벼슬을 구했고, 스물아홉에 가까스로 작은 벼슬 하나 얻은 도연명. 전원으로 돌아가는 그의 모습이 초초草草하지만 아름다웠다. 글재주가 있었기에 미관말직이나마 얻어 그럭저럭 13년쯤 벼슬아치로 살았으리라. 결국 알량한 벼슬자리를 내던지고 전원으로 돌아온 것은 42세, 작은 현縣의 우두머리 시절이었다. 박학하고 글솜씨 좋던 그 천재가 전원으로 돌아간 것을 후세의 지식인들은 서릿발 같은 자존심에서 나온 '멋진 결단'으로 추앙해 왔다. 대체로 동감이나, 내 생각은 얼마간 다르다. '생활인'이었을 그의 결단에 흔쾌히 동의할 수 없기 때문이다. 몹시 어렵던 시절. 그는 '오두미五斗米를 위해서라도' 굴욕을 감내하며 잠시 눈 한 번 질끈 감았어야 했다. 무슨 오기가 그리도 중하기에 배고픈 식솔들의 눈망울을 외면할 수 있었단 말인가. 감독차 내려온 군청의 관리가 소인배라 한들 그의 요구대로 복장 한 번 단정히 하고 맞이했더라면 아무 일 없었을 것인데, 무슨 기개로 상급 관리의 지적 한 마디에 벼슬을 내팽개치고 도망치듯 전원으로 돌아간단 말인가. 원수 같은 구복지루口腹之累가 전원에서라고 달라질 이유가 없었을 텐데 말이다. 그랬음에도 나는 그가 좋다. 자신을 기다리는 무언가를 찾아 전원으로 들어갔기 때문이다. 풀이든 곡식이든 자신과 하나가 되어야 할 자연이 그곳에 있음을 알고 있었기 때문이다.

돌이켜 보면, 나는 대략 20년 전부터 돌아갈 전원을 물색해 왔다. 그러던 중 10여 년 전에야 가까스로 '황폐해지려는 전원' 한 곳을 찾아냈다. 그때까지는 내 정신이 육신의 노예로 전락한 건 아니라 착각하고 있었으나, 사실은 그럴지도 모른다는 절박감이 엄습하여 '귀전원歸田園'을 서두른 것이다. 일단 지난날이 그르고 지금이 옳음을 인정하기로 했다. 지난날은 깨닫기 전 '무명無明'의 시간대요, 지금은 깨달음과 자각의 시간대. 지금이라도 잘못 들어 헤매던 길을 곱씹으며 청산한다면, 앞으로 더 잘못될 일은 없으리라 믿은 것이다.

내가 찾아 들어온 에코팜의 정신이란 대체 무엇일까. '자유는 최대로, 통제는 최소로'가 그 철학의 출발임을 이제야 비로소 깨닫는다. 전원 속의 '나'는 권력체가 아니라, 통제를 미워하고 자유를 갈망하는 자연 속 미물들 가운데 하나다. 자연 속의 내 이웃들과 공존하며 주어진 삶을 지탱해 가는 존재로서 자유를 갈망하는 그들을 도와주는 소임이나 묵묵히 실천할 뿐이다. 농약이나 제초제로 그들을 죽이는 대신 그들과 어울리며 공존의 도를 터득하기 위해 애쓰는 것도 그 때문이다. 문만 열면 이곳저곳이 '풀 천지'의 산판으로 변하는 나날이지만, 최근 그들의 말이 들리기 시작하는 기적 또한 일어난 것이다. 보라, 나는 죽어도 저들은 살아남아 끈질긴 삶을 누천년 이어가리라!

도연명이 말하는 '황폐해지려는 전원'은 잡초 무성한 땅이다. 잡초 무성한 곳에 곡식이나 그럴듯한 나무들이 자랄 수 있나? 그러니 황폐해질 수밖에! 촌로들은 배부른 소리라고 꾸중을 던지겠지만, 잡초의 삶을 인정하고 적절히 통제하며 그 가운데 곡식이나 나무들을 심어 전체적으로 공존을 추구함은 어떨까. 그러니 그가 조화의 파괴로 마구 거칠어진 땅, 관리 부실로 강인하고 우악스런 잡초가 점령해 버린 공간을 '황폐해지려는 전원'으로 묘사한 것도 당연했으리라.

각종 잡초로 가득 차 곡식 자랄 틈 없는 현재의 에코팜. '천하태평' 초보 농부의 무책임이 꽃처럼 피어나는 현장이다. 그 게으름 덕분일까. 에코팜의 잡초들도 자신의 존재가치를 인정받으려는 것일까. 뽑아내는 즉시 다시 무성해지곤 한다. 어찌 잡초라고 우주 자연의 맥 바깥에 존재하고 있으랴. 씨줄 날줄로 촘촘히 연결되어 생명의 법칙에서 한 치의 어긋남도 있을 수 없다. 강인하게 뻗어가는 잡초들을 따라가 보

라. 땅 밑에 뿌리를 내리고 하늘을 향하는 그들의 기상이 얼마나 대단한가. 무엇보다 녀석들은 대자연의 코드를 읽어내는 게 분명하다. '어서 하늘과 땅을 연결하라'는 누군가의 뜻을 알고 있다는 듯 뽑아내고 뜯어내도 쑥쑥 솟아오르는 그들. 잡초를 완전히 몰아낼 방법은 없고, 사실 그럴 필요도 없다. 사람과 잡초가 치열하게 싸우다가 사람이 떠나면 잡초는 승자 혹은 점령군의 행세를 할 것이다. 모든 벌레나 동물들도 마찬가지다. 그러니 그것들과 조화를 이룬 속에서 인간다운 삶을 영위하는 것. 그것이 에코팜 농부의 꿈으로서는 최선이다. 잡초를 살살 달래가며 땅이 생산의 임무를 제대로 수행토록 하는 것만이 그 옛날 은사가 걱정한 '전원의 황폐화'를 막는 지름길이리라.

에코팜에 노마드의 천막을 펼친 지 벌써 네 해가 흘렀다. 고장 한번 없는 에코팜의 초침 소리 속에 사람은 늙고 생태 가족들은 잽싸게 새 모습으로 태어난다. 사람이 떠나고 나면 조화를 이룬 온갖 동물들과 식물들이 주인으로 활보할 것이고, 고요와 평화 속에 시간은 또 흐를 것이다. 그리고 머지않은 미래에 새로운 은자가 나타나 '황폐해지려는 전원'을 가꾸기 위해 다시 이 땅을 찾으리라. 그 은자도 나도 떠나면 식물과 동물들은 새 주인으로 등극하고, 생태계의 교체와 순환은 끝없이 반복될 것이다. 🍵

나이보다 경륜

세종 18년(1436) 3월 26일의 일. 당시 판중추원사를 지내던 허조許稠가 벼슬에서 물러나고자 했다. 중추원은 왕명의 출납出納이나 병기兵器·군정軍政·숙위宿衛 등 임금 주변에서 군무나 경비를 담당하던 핵심 부서였고, 판중추원사는 정2품의 고위직이었다. 조선조 18개 품계 가운데 정1품, 종1품 다음의 세 번째로 높은, 오늘날로 치면 장·차관이나 도지사급에 해당하는 직급이었으니, 권세 또한 막강했을 것이다.

고려 우왕 때 과거에 급제하여 벼슬길에 오른 그는 조선조에 들어와 국방은 물론 조선조 예악정치禮樂政治의 발판을 마련한 인물이었다. 태종 때는 명나라 사행 길에 서장관으로 참여하여 국제적인 안목까지 갖추게 되었으니, 핵심 요직에서 조선왕조의 토대를 굳건히 하고 중세적 질서의 확립에 공이 큰 인물이었다. 조선조 건국과 함께 나라의 기틀을 마련해 오다가, 49세에 세종의 치세를 맞이한 그의 기세는 대단했으리라. 세종 조에서 20년 가까이 활약한 뒤 67세에 이르자 그가 왕에게 치사致仕를 요청한 것. 그 시대로 보면 고령이었고 세종은 39세의 팔팔한 청춘이었다. 그가 요청한 사직의 이유는 다음과 같았다.

1. 왕실의 친척도 아니고 공신 출신도 아니며, 공의公議 또한 호의적이지 않다.

2. 평소의 질병으로 근력은 쇠약하고 피곤하여, 걷기가 힘들고 정신이 없어져 앞뒤를 기억할 수 없다.

육체적·정신적 노화현상을 밝힌 2는 지극히 평범하여 누구나 수긍할만하다. 그러나 1의 이유는 요즘에 비추어 보아도 참으로 의미심장하다. 임금은 다음과 같은 내용으로 그가 밝힌 사의를 반려했다.

1. 나이는 높으나, 눈과 귀는 밝고 자세하며 근력은 아직 편안하고 튼튼하다.
2. 만년晩年을 온전하게 하여 공명功名을 보전하려는 점은 이해할 수 있다.
3. 그러나 좋은 계책을 내고 큰일을 결정할 때 임금인 나는 누구를 의지할 것인가?
4. 몸을 보전하는 것과 나라의 임무를 맡는 것 중 무엇이 더 중한가?
5. 그래서 사직을 윤허할 수 없다.

세종대왕의 논리는 매우 치밀하고 따뜻하지 않은가. 그로부터 3년 후인 70에 사망한 것을 보면, 사실 허조는 그 무렵 심각한 건강상의 문제를 겪고 있었으리라. 그런데 그가 사직의 결정적 이유로 제시한 1의 '호의적이지 않은 공의'는 무엇이었을까. 그는 "임금의 특별한 사랑을 독차지함이 스스로 편안치 않은데, 사람들의 뒷말은 어떻겠습니까?"라고 했다. 나이를 먹어서까지 임금의 총애를 독점하는 그에 대한 '뒷담화'들이 많았던 모양이고, 사실 그로서는 육체적인 질병보다 그것들이 더 괴로웠을 것이다. 그러나 세종은 학문이나 경륜의 면에서 누구보다 뛰어난 그를 물러나게 할 수 없었다. 39세의 왕이 보기에 67세의 원훈대신元勳大臣은 나라의 믿을만한 기둥이었을 테니. 패기 하나 믿고 경륜의 노년을 업신여기는 젊은 친구들이 미덥지 않았을 것이다. 그래서 왕은 떠나가려는 허조를 극구 붙들어 앉힌 것이나 아닐까.

꽤 오래전. '선출직 65세 정년론停年論'이 화두인 적이 있었다. 문제를 제기한 ㅍ 의원은 당시 51세였으니, 그로부터 14~5년 후인 그의 65세에도 그런 주장을 할 수 있을지 알 수는 없다. 사실 그가 언급한 65세가 은퇴하기에 적절한 나이임은 나도 전적으로 공감한다. ㅍ 의원의 전직이 대학교수임을 감안하면, 아마도 대학교원들의 정년을 쉽게 떠올렸으리라. 그래서 나는 65세에 미련 없이 강호로 들어가 '조월경운釣月耕雲'하고 있지 않은가.

그런데, 지금이 어느 때인가. 이른바 '100세 시대'다. 가끔 동네 사우나에서 70대 어른을 한 분 만난다. 구릿빛 몸매와 울퉁불퉁한 근육을 자랑하며 나보고 '근육운동'을 권하시는 분이다. 근육질의 70대와 허약 체질의 20대가 공존하며 경쟁하는 것이 오늘날의 특징이다. '가스통'으로 불리는 부정적 노인들도 있지만, 지혜와 경륜을 갖춘 어른들도 적지 않다. 단순히 육체 나이를 들이대며 은퇴를 강요하는 것은 구시대의 사고방식이다. 바람직한 희망과 목표를 갖고 노력하는 경우에만, 젊음은 사람들에게 믿음을 준다. 아무런 공부나 대책도 없이 성질부리고, 막말이나 해대는 것을 젊음의 특권이라 여긴다면, 그건 나라와 민족에게 재앙이다. 그런 젊음에게 어떻게 나라를 맡길 수 있단 말인가.

　요즘 때만 되면 저잣거리에 나와서 표를 위해 유세하거나 하마평에 오르내리는 인물들을 하나하나 뜯어보라. 괜찮아 보이는 인물들은 잘 알려지지 않아 당선의 가능성이 없고, 제법 지지율이 높은 인물들은 대부분 경륜이나 식견이 모자라 믿음을 주지 않으며 심지어 인간성이 '개차반'으로 보이는 경우까지 있으니, 걱정이다. 무엇보다 나이의 잣대를 들이대어 자르기로 하면, 도대체 '경륜 있는 인재'를 어디서 구한단 말인가.☕

시베리아에서 사람들을 보았네!

언젠가 블라디보스톡에서 출발하는 대륙횡단 열차를 탄 적이 있다. 그 열차는 수없이 많은 작은 역들을 거쳐 갔다. 우리는 간혹 10~30분 간 정차하는 경우 내려서 스트레칭도 하고, 맑은 공기를 허파 가득 들이마시기도 하며, 산 밑으로 옹기종기 모여 있는 집들을 보기도 했다. 어느 나라나 산간 마을들에 윤기가 흐를 수는 없는 법. 러시아도 마찬가지인 듯했다. 무얼 해 먹고 사는지 알 수 없었다. 사방을 둘러보아도 논뙈기 혹은 밭이랑 하나 보이지 않았고, 온통 한대성寒帶性 수림樹林뿐이었다. 그래도 간혹 만나는 노점상들의 좌판에 각종 과일과 빵들이 수북하게 쌓여 있는 걸 보면, 그곳에도 농업이란 게 있는 건 분명했다.

여행자에게 '열차의 시간'과 '도보의 시간'은 다르다. 도보의 시간이 절망과 체념의 시간이라면 열차의 시간은 희망과 구원의 시간이기 때문. 걷다가 보면 그 길의 끝없음에 절망하고, 그냥 '얼마간 살다가 이곳에서 죽을 수밖에 없다'고 포기하는 공간이 시베리아임을, 나는 열차에 오르는 순간 깨달았다. 절망의 소련인들이 마지막으로 잡은 끈이 횡단열차였고, 그 열차가 생김으로써 산간벽지에 절망과 체념의 터를 닦고 죽을 날만 기다리던 사람들에게 한 줄기 희망의 빛을 비춰준 건 아닐까. 물론 그 희망이 구원으로 이어지느냐는 별개의 문제이긴 하지만.

맞다, 탈출이다! 내가 그랬다. 손바닥만한 한반도의 한 모퉁이에서 태어나 어려서부터 탈출을 꿈꾼 나였다. 십 대 중후반, 이를 악물고 탈향脫鄕했다고 생각했는데 다리에 힘이 빠져 더 이상 탈출할 수 없는 지금, 깨달았다. 그 절망의 고향 언저리에서 아직도 서성대고 있음을. 아니 오히려 그 어린 시절의 절망을 한 톨도 깨부수지 못한 채 그 고향의 자장磁場 안으로 다시 빨려 들어가고 있음을. 그래서 어쩌면 그 고향의 절망 속에 늙은 몸을 잠근 채 가뭇없이 사라질지도 모른다는 것을.

사람들은 왜 먼 길을 가는 걸까? 누구나 짊어지고 가는 그 천형天刑 같은 운명의 짐을 이곳 시베리아를 횡단하며 멀리 보이는 시베리아인들의 얼굴에서 보았다. 좌판에 늘어놓은 오이나 수세미들처럼 얼굴에 굵은 주름을 잔뜩 얹은 아줌마들이 알 수 없는 러시아말을 '뚜르르~' 굴리며, 깜짝할 사이에 떠나버릴 이국 손님들의 눈치를 살피는 곳이 시베리아였다. 가본 적도 없는 원동에서 모스크바까지, 아니 유럽, 중국까지 몸만 실으면 데려다 줄 횡단 열차 역의 바로 앞마을에 살고 있지만, 그런 곳들을 여행할 마음이나 낼 수 있으랴! 그래서 그 옛날 유형流刑의 최종 공간이 바로 여기 아니던가? 검푸른 타이가에 한 발만 들여놓으면 호랑이, 불곰, 늑대 등 온갖 맹수들이 들끓던 곳. 그러니 사람의 법보다 자연의 법이 우선하던 곳이었고, 지금도 거기서 그리 멀지 않으리라.

횡단 열차를 타고 가며 고려인의 고통보다 시베리아인들의 우수憂愁와 운명을 먼저 읽게 되었다. 그리고 그것이 그들만의 것은 아니고,

내 것이기도 함을 깨달았다. 저 검푸른 타이가에서 태어나 졸졸 흐르는 샘물과 자연이 주는 양식을 먹으며 살다가 다시 저 속으로 스며드는 것이 인간의 운명임을 확인하게 되었다. 저 광대한 타이가의 한복판에 문명을 대입해 보아야 우리네 도회都會의 삶이 얼마나 하찮은 것인지 알 수 있으리라.🪨

고서古書의 마력魔力과 인산印山 선생

나 같은 문헌학도에겐 고서이든 신간이든 모두 보물이다. 잘 만들어진 신간은 독서인들의 사랑을 받으며 세월이 흐르면 고서가 될 것이고, 후손들도 나처럼 그 책들을 어루만지며 깊은 상념에 빠져들 것이다. 그래서 나는 사랑하는 학생들에게 내가 지은 책들은 아낌없이 나눠주지만, 내가 받았거나 마음먹고 사 모은 남의 책들은 선뜻 주지 못한다. 그런 마음과 자세로 40여 년의 세월을 버텨왔다. 그러다가 뵙게 된 분이 고 인산印山 박순호 선생이다.

대학원 재학 시절, 거질巨帙로 영인 출간된 『한글 필사본 고소설 자료총서』를 보며 인산 선생의 자료실이 궁금했고, 후학들의 칭찬에 엄격하시던 나손 선생조차 인산 선생에 대해서만큼은 찬사를 아끼지 않으시는 이유 또한 늘 궁금했다. 풀리지 않는 궁금증을 안고 부초처럼 강호를 떠돌다가 21세기에 들어서고 나서야 선생을 면전에서 뵙게 되었다.

꽤 오래 <거창가>에 빠져 지내던 무렵 당신이 소장하고 계시던 이본들을 여러 차례 보내주셨고, 그 덕에 저서 『봉건시대 민중의 저항과 고발문학 거창가』는 크게 부끄럽지 않은 모습을 갖추게 되었다. 그 후로도 수시로 몸소 전화를 주시며 새로운 자료에 갈급하던 내게 중요한 귀띔과 격려를 건네곤 하셨다. 직접 찾아뵙고 자료를 받겠노라는 내 간청을 '바쁜 데 그럴 필요 없다'고 번번이 단칼에 자르시며 우편이나 인편을 통해 보내주시는 것이었다. 그저 감사의 편지나 전화로, 출간된 책이나 논문으로, 황송한 마음을 표할 뿐이었다.

언젠가 인편에 보내 주신 <궁중도회가>를 분석하여 『국어국문학』 [157호]에 발표했는데, 그것을 보시고 매우 기뻐하시며 전화를 주신 기억은 아직도 생생하다. 그 후 보내주신 10여 종의 <한양가> 이본들을 나와 내 문하생 5명이 함께 달려들어 분석·연구하여 공저 『박순호 소장본 한양가 연구』[한국문예연구소 학술총서 43/조규익·정영문·김성훈·서지원·윤세형·양훈식/학고방]를 출간했다. 그 직전에는 숭실대 한국문예연구소 주최로 "한국문예에 반영된 서울의 형상"이란 주제의 전국 학술 발표대회를 갖고, 그 자리에 인산 선생을 모셔 "고문헌 탐색의 길에 만난 <한양가>"라는 발제 강연을 부탁드리기도 했다. 극도로 가난하던 어린 시절을 회상하시면서 울컥 눈물을 삼키시던 선생의 말씀에 내 눈시울이 뜨거워진 것은 선생의 가난과 내 가난이 순간적으로 겹쳤기 때문이다. 사실 선생이 내게만 귀한 자료들을 허락하신 건 아니다. 이미 선생은 자료를 한글박물관을 비롯한 공공기관에 넘기심으로써, 더 많은 학자가 자유롭게 볼 수 있도록 해야 한다는 평소의 도타운 뜻을 실현하신 바 있다. 그럼에도 엄청난 자료들이 서고에 그득하시다니, 그 점이야말로 민속학자와 서지학자로서 학계에 도움 주신 선생의 생애가 남들이 추종하기 어려운 넓이와 깊이를 갖추고 계셨다는 방증 아닌가.

돌아가시기 몇 해 전 찾아뵙기를 간청하여 가까스로 허락을 받았고, 차를 몰고 내려가 뵐 수 있었다. 도착해보니, 놀랍도록 해박하시며 열정적인 '신선' 한 분이 값으로 따질 수 없는 책들의 숲에 조용히 앉아 계셨다! 선생의 장서들 가운데 가장 애착을 갖고 계신 고려조의 불서佛書 세 권을 황감한 마음으로 친견했고, 보물급의 회화작품들로 오랜만에 안구眼球를 세정洗淨할 수 있었으며, 많은 필사본들과 두루마리 가사들에 손때를 묻혀보는 호사도 누렸다. 그보다 감격스러운 사실은 선생께서 귀한 자료들을 한 보따리나 손수 챙겨 주신 점이다. 물론 그거야말로 내 둔한 머리로는 해결하기 어려운 숙제이자 마음의 짐이지만, 어쩌랴. 학자라는 타이틀을 붙이고 다니면서 달라붙어 씨름해야 할 '화두話頭' 한 자락 없다면, 그 또한 한심한 일 아닌가. 갑자기 부자가 된 기분을 갖게 된 것도 그 때문이었다.

사실 나로서는 선생의 깊은 마음을 쉽게 헤아릴 수 없다. 과연 나라면 고색창연한 옛 문헌들을 자식에겐들 선뜻 맡길 수 있을까. 일생 손때 묻혀가며 애장해오시던 필사본들을 연구 자료로 기꺼이 내어주시는 선생의 깊은 뜻은 무엇이며, 나는 그 뜻을 어떻게 감당할 수 있을 것인가. 텍스트를 해석하여 의미를 찾아내는 작업 못지않게 난해한 또 다른 과제까지 안게 된 것이다. 그 옛날 누군가가 힘들여 써놓은 것들이 수백 년 풍우風雨와 수화水火의 고비들을 넘은 뒤 불쏘시개나 벽지, 아니면 종이공예의 재료로 망가지지 않은 채 학자들의 손에 오롯이 들어오게 된 것은 과연 누구의 공인가. 직접 선생으로부터 자료를 받아 석·박사논문과 저서를 쓴 수십 명의 학인들은 말할 것도 없고, 영인으로 발간된 자료들로부터 혜택을 받은 수백, 수천 명의 학인들을 생각하면, 선생이야말로 우리나라 국문학계를 실질적으로 견인해 오신 주인공 아닌가.

아직도 유년 시절의 '책 굶주림'을 해결하지 못한 내 처지에서 스러지지 않는 '책 욕심'은 '땅처럼 두껍고 바다처럼 깊다'. 게다가 그 '외경 畏敬'의 영역인 고서에까지 욕심을 내게 되었으니, 욕망의 끝을 헤아리기 어려운 게 사실인 모양이다. 누구는 '최신판으로 활자화된 자료를 갖고 논문 쓰는 학자들이 대부분인 우리 학계가 한심할 정도로 천박하다'고 개탄한다. 원본의 글자를 잘못 읽어 오류를 범한 책들이 부지기수임을 감안하면, 그런 비판도 아주 근거 없는 건 아니다. 사실 원본을 최신 활자로 정확하게 옮겨주기라도 한다면, 비록 소수만이 원본을 접할지언정 그나마 학계의 장래를 위해 얼마나 다행한 일일까. 이처럼 국문학계를 천박성의 나락에서 건져 주신 셈이니, 선생의 걸어오신 생애와 이루신 업적이 더욱 빛나고 그 빛은 앞으로도 영속되리라 느껴지는 순간이다.🍵

우물 팔 땐 '한 우물'만 파라?

　노후 전원생활의 꿈을 심고 있는 에코 팜에 5년 전 전 우물을 뚫을 때였다. 둥글거나 네모난 형태의 전통 우물을 '판 것'이 아니라, 드릴(drill)로 뚫고 내려가 지하수맥을 연결하여 물을 길어 올리는 형태의 관정管井이니 '뚫었다'는 말이 맞다.

　내 어린 시절엔 곡괭이와 삽으로 물 나올 때까지 한 뼘씩 파 내려가는 것이 샘 만드는 방법이었다. 그래서 기껏 여남은 길 파내려 가다가 물이 나오지 않으면 포기하고 메우는 일이 다반사였다. 우물 뚫어 대번에 물이 나오거나 그 물이 맑고 맛있다면, 그것은 그 집의 복이었다. 십여 군데를 파도 물이 나오지 않거나, 나온다 해도 탁하거나 맛이 안 좋은 경우가 비일비재하기 때문이었다.

　삽이나 곡괭이만으로 샘을 파는 일이니, 쉽지 않은 건 당연했다. 파 내려가는 땅속에 암반이 누워있는 경우라면 얼른 포기해야 하고, 자갈이 많은 땅도 쉽지 않음은 물론이었다. 이보다 더 답답한 일은 얼마간 파 내려가도 물이 나오지 않는 경우였다. 수맥이 어디에나 뻗어 있는 건 아니었다. 간혹 수맥이 얕은 경우도 없지 않았지만, 깊숙한 곳에 있는 것들이 대부분이었다. 그래서 웬만큼 파다가 물이 안 나온다 싶으면 옆으로 옮겨 다시 파기 일쑤였다. 물이 안 나와도 진득하게 파 내려가다 보면 대부분 물은 나오기 마련인데, 성질 급한 사람들은 여기저기 건드려 보게 되고, 그러다가 끝내 우물 파는 일을 포기하기도 했다. 사실 수맥 잡는 기술이 일반화된 요즘에도 샘 파는 일은 쉽지 않다.

그래서 '우물 팔 땐 한 우물만 파라'는 속담이 생겨난 것일까. 고집 스러울 정도로 한 가지 일에만 몰두해야 성공한다는 뜻인데, 지금도 과연 이 말이 통할지는 의문이다.

사실 나는 '한 우물' 세대의 일원이다. 어려서 부모님과 선생님들로 부터 귀에 못이 박힐 정도로 들어온 말이 '한 우물' 속담이다. 그래서 내 삶의 모든 것들은 이 말과 직·간접적으로 연결되어 있다. 심지어 결혼하여 가정을 이루고 살아가는 일에도 이 말은 지켜야 할 금언이었 다. 우리 시대까지 남자도 여자도 '한 번 결혼했으면 죽을 때까지 그 사람만 사랑해야 한다'는 것은 일종의 법이었다. '결혼한 뒤 맘에 안 맞으면, 헤어지고 다른 여자[혹은 남자]를 취하라'는, 전제조건 부대의 가언명법假言命法으로 바뀐 것은 겨우 21세기에 들어오고 나서부터였 다. 그러니 맘에 맞지 않아도 맞춰가며 살아가야 하는 것이 우리 시대 의 불문법不文法이었던 것이다.

남녀문제만 그런 게 아니었다. 공부도, 직장도 그랬다. 한 번 대학에 들어가 전공을 택하면 졸업 후 밥 먹고 사는 일도 그 전공 혹은 거기서 그리 멀지 않은 분야를 선택하는 것이 일반적이었다. 직장도 평생직장 이라야 했다. 멀쩡한 직장을 중도에 박차고 나가는 사람은 문제가 있 다고 보기 일쑤였다. 지금도 그런지는 모르겠지만, 몇 년 전까지만 해도 한국의 일부 대학들에는 해괴한 규정이 있었다. 신임 교수를 채용할 때 '전공적합도'라는 항목이 있었는데, '학부-석사-박사'가 일치해야 만점인 30점을 주는 규정이었다. 나는 그 점이 불만이었다. 학부에서 영문학, 석·박사에서 국문학을 전공한 지원자도 더러 있었고, 학부 전공은 이공학이나 석·박사에서 국문학을 전공한 지원자도 간혹 있었다. 사실 나는 그런 사람들에게 가점을 주고 싶었으나, 선배들은 엄격하고 가차 없었다. '학문도 한 우물을 파야 한다'는 통념의 힘이었을 것이다.

학부에서 외국 문학이나 이공계를 전공한 사람이 석·박사에서 국문학으로 바꾸는 것은 참으로 쉽지 않은 일 아닌가. 사실 당시에도 나는 그런 사람들이 부러웠다. 그들에게는 '국문학으로 바꾸어도 승산이 있다', '바꾸는 게 절대로 유리하다', '바꾸고 싶다'는 등의 판단과 절박한 욕망이 있었거나 바꾸어도 괜찮을 만큼의 여유가 있었기에 바꾸었을 것이다. 시골에서 발발 떨며 올라와 국문학을 택한 내 처지에 전공을 바꾸는 일은 꿈도 꿀 수 없었다. 그저 '시골에서 옛날 하던 식으로' 한 우물을 파는 것이 최선이었기 때문이다. 요즘은 '융합'이 대세이니, 대학에서도 옛날의 관행이나 규정은 더 이상 통할 수 없을 것이다. 그럼에도 '학부에서 불문학을 전공하고, 석·박을 국문학으로 하신' 석학 조동일 선생을 이채로운 눈으로 바라보는 분위기가 아직도 말끔히 사라지지 않고 있는 것은 예의 '한 우물' 인습이 갖는 힘이리라.

오늘 작은 아이가 직장을 바꾸기로 했다는 소식을 듣고 깜짝 놀랐다. 연봉으로도 안정성으로도 남들 모두 부러워하는 최상위 대기업 사원인 그였다! 공교롭게도 퇴직退職을 회사에 통보한 날, 대리에서 과장으로 진급까지 한 터였다. '인문학 전공자로서 시공사施工社의 관리직으로 평생을 보내기보다는 좀 더 역동적으로 능력을 발휘하고 싶어 금융투자 회사의 경력직으로 옮기게 되었다'는 그의 선언에 '격려' 말고는 달리 대꾸할 말이 없었다. 회사를 위해 젊음을 바쳐도 나이가 들면 가차 없이 버려지는 대기업의 냉혹함을 미리 깨달았던 것일까. 아직 30대 초반의 팽팽한 입장에서 새로운 성공의 가능성을 포착한 것일까. 어느 쪽이든 나로선 '가슴 떨리는' 신선함과 두려움의 단안일 수밖에 없었다. 그리고 보면 시대가 바뀌었음을 나만 모르고 있었던 것이니, 분명 내 의식의 밑바닥에는 '한 직장에 뼈를 묻어야 한다'는 착각이 아직도 똬리를 틀고 있었음이 분명하렷다?

'한 우물'을 파면서도 용케 패자로 전락하지 않고 살아온 내 지난 세월을 돌이켜 본다. 이제 '한 우물만 파다가는 목도 축일 수 없다'는 생각으로 의식의 패러다임은 바뀌었다. 그렇다면 내가 파온 '한 우물'은 앞으로 어떻게 할 것인가. 문득 그 옛날 시골의 '나간 집 우물'을 떠올려 본다. 우물은 쓰지 않으면 반드시 퇴락한다. 지나가는 사람들은 괜히 빈 집의 우물에 돌을 던지거나 침을 뱉고 떠난다. 바람이 불면 나뭇가지가 날아들고, 큰물에 자갈들이 밀려들기도 한다. 밤낮으로 우물 밑바닥에는 흙이 솔솔 들어찬다. 그러다가 십 년쯤 지나면 언제 그곳이 우물이었던가 싶도록 평평해진다. 우물이 사라진 곳에 새로운 삶이 자리를 잡게 되는 것이다. 인간의 삶도 그렇지 않은가. 열심히, 죽을 때까지 새롭게 파거나 보수하지 않으면, 자취도 없이 사라지는 게 우리네 우물이 아니던가. 그래서 나는 오늘도 곡괭이를 메고 그간 매달려 온 '한 우물'을 더 파기 위해 집을 나선다.🕯

'연명의료 거부'를 신청하며

　5년 전, 존경하고 따르던 박정신 교수의 빈소에 갔었다. 예를 차린 뒤 "이곳엔 교수님의 유체가 안 계세요. 장기 기증을 위해 의료실에 계십니다."라는 사모님의 말씀을 듣고 잠시 멍한 기분이 들었다. 독실한 기독교 집안에서 태어났고, 교회사를 전공으로 택하였으며, 기독교 학과의 교수로 종신한 분이었다. 그것도 부족하다고 생각하신 것일까. 마지막 순간 자신의 육신까지 아직 살아 있는 생명들에게 나누어주고 떠나는 그 분의 모습이 숭고했다. 빈소를 벗어나 집으로 돌아오며 마음에 파문이 일었다. 삶이란 무엇이며 육신이란 무엇일까? 무엇보다 삶과 죽음의 교체 과정에서 육신이 갖는 의미는 무엇일까. 이 세상에서 의미를 만들기 위한 도구일까. 아니면 종국에 한갓 먼지나 쓰레기로 사라질 허망한 물질에 불과한 것일까. 많은 욕망을 만들어내고 투쟁을 추동하는 악의 본체일까. 갖가지 상념들이 내 마음에 난무했다.

　집에 돌아와 아버지 어머니의 영정을 마주하고 한참 서 있었다. 영정 속엔 쭈그러진 육신 아닌 해맑은 웃음과 정신이 어려 있었다. 두어 해 전 병원에서 신음하시다 돌아가신 어머니의 마지막 모습을 회상했다. 눈을 감으시던 순간은 슬프도록 짧았고, 그다음의 모습은 평화롭고 잔잔하셨다. 육신의 괴로움을 벗어난 편안함이었다. '격정'에서 '고요'로의 넘어감, 바로 그것이 죽음이었다. 그런데 사람들은, 아니 나는 왜 한사코 죽음을 거부하고 육신만 고집하는 것일까. 육신은 고통이고 구속인데, 왜 그것을 벗어나지 않으려 애쓰는 것일까.

세상의 의미를 만들어내기 위해서는 육신이 절대적이다. 그 세상의 의미란 무엇인가. 잘난 사람은 잘난 대로, 못난 사람은 못난 대로 세상에는 쓰임새가 있다. 잘난 사람만 있는 세상, 못난 사람만 있는 세상을 상상할 수 없다. 플라톤은 철인哲人들이 통치하는 나라를 이상국가라 했다. 그러나 그건 말 그대로 이상일 뿐이다. 그렇다고 바보들만 통치하는 나라도 있을 수 없다. 정치인 중 정상적인 인간이 별로 없는 우리나라가 아직 망하지 않는 것은, 정치인들 모두가 바보는 아니기 때문이리라. 그래서 공존과 조화가 우주의 원리이고, 그 원리가 구현되는 곳이 인간 세상이다. 육신을 지닌 인간들이 이끌어가는 공간이 세상이고, 그 세상을 제대로 유지하기 위해서는 살아있는 동안 육신의 아픔이 없어야 한다. 그러나 기한이 다한 기계가 고장 나고 망가지듯 인간의 육신 또한 그럴 수밖에 없다. 그러니 죽어가면서 쓸 만한 부속품이 있다면, 젊은 영혼에게 물려주고 가는 것도 스스로의 정신적 수명을 연장하는 방법 아니겠는가.

옛날 어떤 현인은 다음과 같은 시구를 남겼다.

집에 천만금이 있어　　　　　　　　家有千萬貫
평생 남에게 바라는 게 없었도다　　　一世不求人

죽어 석 자 깊이의 땅으로 돌아가기 전엔	未歸三尺土
일생 육신 보존하기 어렵고	難保一生身
죽어 석 자 깊이의 땅으로 돌아간 뒤엔	旣歸三尺土
백년 무덤 보존 어렵다네	難保百年墳

그렇다. 인간이 세상에서 '말짱한 제정신으로' 살아갈 수 있는 시한이 그 몇 년이랴? '삼척토(三尺土·무덤)'로 돌아가기 전 입에 풀칠하며 자존심 유지하기 쉽지 않고, 죽은 뒤 100년 보존되는 무덤이 흔치 않다. '인생 백 년'은 예나 지금이나 꿈일 뿐이고, 그나마 '반백 년'이라도 맑은 정신 속에 살아갈 수 있길 바라는 존재가 바로 가련한 인생인 것이다.

오늘, '연명의료거부의향서'와 '장기기증신청'을 등록하기 위해 국민건강보험공단에 들렀다. 유감스럽게도 '연명의료거부신청서'는 적어냈으나 '장기기증신청'은 관할이 달라서 못하고 말았다. 장기 기증은 떠날 임시에 남아있는 누군가에게 부탁하면 되겠지. 그러니 의미 없는 연명을 위해 다 죽은 육신에 주렁주렁 주사기 매단 채 추한 모습으로 세상 떠날 걱정은 던 셈이다. 정신과 육신은 분리할 수 없는 하나의 세트. 정신이 빠져나가고 있는 육신을 붙잡아달라고 산 자들에게 구차히 부탁할 이유가 어디에 있겠는가.☕

가짜들의 전성시대

　'모수자천毛遂自薦'이란 고사가 있다. 진秦에 포위된 조趙나라 왕이 합종을 위해 초楚나라 왕에게 평원군을 파견하려 할 때였다. 평원군은 모사와 책사들로 20명을 데리고 가려 했으나, 마지막 한 명이 모자랐다. 그때 식객 중 모수란 자가 스스로 나섰고, 결국 그가 일을 성공적으로 마무리했다는 내용이다. 처음 모수의 정체와 능력을 의심한 평원군과 모수 사이에 오간 대화가 바로 '낭중지추囊中之錐'. 어진 사람이란 주머니 속의 송곳 같아 가만히 있어도 드러나는 법인데, 식객으로 있던 3년간 모수의 존재를 알지 못했다는 것이 평원군의 물음이었고, 그동안은 주머니 밖에 있었으니 이제 주머니 속에 넣어달라고 응수한 것이 모수의 답변이었다. 그래서 결국 모수는 공을 세웠고, 그로 인해 '어려울 때 스스로 나서서 일을 해결하려 한다'는 좋은 뜻으로 쓰여온 것이 '모수자천'이란 말이다. 그러나 지금은 '부끄러움을 모르고 스스로 나서려 한다'는 부정적인 말로 쓰이고 있다.

　요즘 '선량選良'이라 자처하는 국회의원들의 행태를 보며 혀를 차는 사람들이 많다. 그들 모두 자기를 뽑아달라고 애걸하여 국민이 뽑은 '정치인'들이다. 너도나도 민의를 받들어 나라를 경영해 보겠노라 '날뛰는' 그들. '모수자천' 식으로 등장한 이들의 '턱도 없는' 셈법이 정말

가관이다. 땅덩어리 크기가 전부는 아니겠지만, 우리나라는 미국 텍사스 주의 7분의 1, 캘리포니아 주의 4분의 1도 안 되는 작은 나라다. 이 작은 나라에 고만고만한 300여 명이 등장하여 어처구니없는 싸움판만 벌이며 국고나 축내는 모습을 보고 있노라면, 기가 찰 뿐이다.

이들이 갖고 있는 건 원대한 포부나 숭고한 뜻이 아니다. 당장 국민을 호리고 보자는 '고식지계姑息之計'가 전부다. 누구 말대로 '현대판 천명天命'이라 할 수 있는 민의民意를 왜곡하여 '새로운 지도자'를 참칭僭稱하는 것 아닌가. 이들에겐 시대를 읽는 눈이나 천하 질서의 재편을 노리는 전략이 있는 것도 아니요, 나 같은 장삼이사들의 아픔을 읽는 동정심도 없다.

제갈량諸葛亮은 천하를 세 부분으로 나누고, 자신의 주군 유비로 하여금 그 한 나라를 차지하게 했다. 이른바 '천하삼분지계天下三分之計'가 그것. 그도 궁극적으로는 천하 통일의 대업을 노렸겠지만, 그러기 위해서는 단계가 필요하다고 판단했을 터. 천시天時를 타고 난 조조, 지리地利를 차지한 손권과 달리 유비는 인화人和의 장점을 갖고 있다고 본 것이 제갈량의 생각이었다. 영웅이 되려면 천하를 호령할 권능을 지녀야 하고, 책사가 되려면 모름지기 주군의 장점을 꿰뚫어 보는 제갈량의 안목과 배포를 가져야 할 것이다. 이처럼 착안과 전략은 대국적이어야 한다. 그러나 그 실천은 작은 데서 시작해야 한다.

백성들은 살려 달라 아우성치고 세계는 국익에 따라 혼란스럽게 요동치는데, 눈앞의 식어가는 잿밥에만 눈이 먼 술사術士들이 자신들의 암매暗昧한 주군을 모시고 좁쌀 같은 권력을 차지하겠노라 동분서주하는 것이 이 나라의 현실이다. 이번에야말로 천명이 자신들의 주군에 내려졌다고 믿는 것일까. 세속적 욕심 그득한 평원의 필부들을 '정치꾼'으로 둔갑시켜 내세운 채 만인의 눈을 속이려 하는 것도 그 때문이리라.

이 시대에 누가 영웅이란 말일까. 바야흐로 위에서 아래까지 '가짜들의 전성시대'가 활짝 열리고 있다. 이 소극笑劇이 언제 어떻게 끝날지 두고 볼 일이긴 하지만, 매일 짜증이 이어져 숨 막힐 지경이다.🍵

학술답사 혹은 보물찾기

　내 어린 시절 소풍날의 가장 가슴 뛰는 행사는 '보물찾기'였다. 파릇
파릇 돋아난 나물 더미 속이나, 하찮아 보이는 돌덩이 밑에 감쪽같이
숨겨진 쪽지를 찾아내곤 환호성을 지르던 친구들의 얼굴이 아직도 기
억에 생생하다. 쪽지 하나 찾아봐야 연필 두어 자루, 공책 두어 권 주
어지는 게 고작이었지만, 그 시절엔 보물을 찾아낸 아이들이 왜 그리
도 부럽고 샘이 나던지. 쪽지 한 장 찾지 못한 채 소풍이 끝날 무렵이
면, 늘 아쉽고 허전했다. 그 뒤부터 이날까지 내 삶은 대부분 '보물찾
기'의 연속이다.

　철이 들면서 국문학에 뜻을 두었고, 학부와 대학원 시절의 답사에서
얻는 설화나 민요, 귀한 문서들이 보물임을 저절로 깨닫게 되었다. 촌
로들로부터 약간 이색적인 설화 한 편이라도 얻어듣는 날엔 가슴이
뛰었다. 비슷한 것들이 대부분이었지만, 천하에 없는 보물이라도 얻은
듯 흡족함을 느꼈다. 그뿐인가. 가끔 고서답사古書踏査를 떠났다가 희
귀본 소설이나 노래 자료라도 얻을라치면, 가슴이 설레어 여러 날 밤
잠을 설치기 일쑤였다. 그러니 그것들은 진정 보물이었다.

　나이를 먹고 삶의 영역이 넓어지면서 현장에서 만나는 보물들은 더

욱 깊고 다양한 의미를 함축한 채 내 앞에 나타나곤 했다. 14년 전 '기독교 확산과 중세문명의 자취'를 확인하기 위해 6개월간 유럽의 20개국 120여 도시들을 자동차로 여행한 적이 있었다. 다양한 민족과 국가들이 모여 있으나 동유럽을 제외하곤 특별히 국경을 확인할 수 없었던 그 지역을 돌며, EU의 현존재가 갖는 역사적 필연성이 기독교에서 연유했음을 깨닫게 되었다. 전공 공부는 잠시 뒤로 미룬 채,『곰브리치 세계사』·『The Rise of the West』·『The European Impact on the World History』등 유럽 중심의 세계사 저술을 뒤져 읽으며 '보물찾기'의 도구로 갖춘 건 물론이었다. 그 덕분이었을까. 유럽에서 만난 보물들은 내 협소한 세계 인식의 폭을 확연히 넓혀 주었다.

12년 전 미국의 오클라호마주립대에 머무를 때였다. 미국에 인디언들이 많다는 사실을 들어서 알고 있었지만, 오클라호마주에 39개의 인디언 부족과 그들의 보호구역이 있다는 사실은 그곳에 가서야 알게 되었고, 틈날 때마다 그들을 찾아다녔다. 인디언 종족들의 '역사·문화' 답사에 나섰던 것. 드넓은 대초원과 계곡 속에 숨은 듯 살아가고 있는 그들을 만나면서 문득 옛날의 '보물찾기'가 떠올랐다. 현장에서 만나는 인디언들을 통해 미국 역사의 그늘을 발견했고, 세상살이의 한 단면을 깨닫게 된 것이다. 내 처소 바깥에서 '무언가를 추구하려는' 행위는 내 삶 혹은 대학생들과의 반복되는 학술답사 체험으로부터 형성된 아비투스(habitus)라 할 수 있으리라.

6년 전 우리는 '백제'라는 이름으로 과거·현재·미래가 함께 숨 쉬는 '카오스의 시공' 공주와 부여를 찾았다. 학생들로 하여금 그곳에 사는 '백제인들'과의 대화를 통해 우리들의 언어와 문학, 역사를 분석적으로 이해할 수 있도록 하기 위해서였다. 그분들의 어떤 것이 오늘날의 우리를 만들었는지 그들 스스로 느껴보았으면 하는 마음도 컸다.

부여에 도착하여 궁남지에서 맛동(서동/薯童)을 만나 건강한 생명력과 지혜를, 부소산에 올라 백마강을 내려다보며 소름 끼치는 망국의 한을 확인했다. 그뿐 아니다. 민중의 저항 의식을 거침없이 시로 뱉어내던 신동엽(1930~1969)도 만났다. 여전히 그는 고즈넉한 부여의 한 모퉁이에 앉아 '껍데기는 가라!'고 쉼 없이 외치는 중이었다. 옛날의 껍데기를 밀어내고 등장한 새로운 껍데기들이 주인으로 군림하는 현실을 젊은이들이 깨달을 수만 있다면, 그것이 바로 보물이었다.

동학군의 피비린내가 아직 가시지 않은 우금치를 넘어 어둠을 뚫고 공주의 숙소에 도착한 우리. '사비→웅진'으로 백제 역사의 시간대를 역으로 밟게 되었다. 계룡산 산록에 자리 잡은 숙소, 그 앞엔 작은 호수가 거울처럼 앉아 흘러가는 시간과 역사를 정화시키는 중이었다. 신동엽의 '금강'이 거세게 흐르는 민중의 삶을 그려내려 했다면, 이곳 호수는 조용조용 '껍데기들'을 갈앉히는 중이었다.

강의실과 연구실에서 잘 만들어진 텍스트를 보며 열심히 공부하는 것만이 능사는 아니다. 공부에도 가끔은 야성野性이 필요하다. 엄마 젖을 뗀 뒤 얼마간 이유식을 먹다가 이빨이 솟기 시작하면서 '날 것 그대로'를 씹어 먹고 싶어 하는 아가들을 보라. 학생들이 강의실 아닌 현장에서 '거칠지만 날 것 그대로의 자료'를 찾아 공부하고 싶어 하는 것도 바로 그런 성장의 원리 때문이다. 그래서 역사가 살아 숨 쉬는 전통 마을들을 찾아, 그 정신적 자료들을 수집하는 일은 잦을수록 좋다. 강의실 안에서 이루어지는 '표준화된 공부'는 누구나 할 수 있다. 그러나 무언가를 찾아 현장에 나가는 일은 그리 쉽지 않다. 남들과 달리 '쉽지 않은 일'을 하는 것이 큰 공부다.

카아(E.H.Carr)는 '역사란 과거와 현재의 끊임없는 대화'임을 갈파했다. 나는 유럽과 미국의 답사 여행에서 큰 깨달음을 얻었고, 학생들과 함께 부여와 공주에서 '백제인들'과 대화를 나누며 그 속에 담긴 미래를 바라보기도 했다. 다양한 학술답사를 통해 현재에 숨어있는 과거를 찾아내고, '과거와 현재의 대화'를 복원하며, 미래를 내다보기 위해 애써 온 것이다.

인생은 '보물찾기'의 역정. 그 보물들은 삶의 현장 구석구석에 '과거'라는 시간의 탈을 쓴 채 숨어있다. 그래서 우리가 만나는 과거는 폐기물 아닌 현재와 미래를 창조하는 바탕 아니 보물이 그득 담긴 창고 아니겠는가. 🏺

선생을 존경해야 나라가 산다!

멀리 가는 내 차에 옛 친구인 그가 처음으로 동승했다. 묵직한 체구에서 울려 나오는 저음으로 긴 교단생활의 아픈 마음을 내게 덜어 건넸다. 무엇보다 교육계에 대한 걱정이 많았다. 정년을 3년 앞둔 그였다. 학생들이 도무지 말을 들어먹지 않아 마지막 3년을 어떻게 견뎌야 할지 모르겠다고 했다. 지금의 학생들, 무서운 게 없다고 했다.

언젠가 학생의 도가 지나쳐 뺨을 때린 교사가 있었단다. 그런데, 학생 녀석도 달려들어 교사의 뺨을 쳤고, 결국 난투극이 벌어졌다 한다. 충격을 받은 그 교사, 결국 '명퇴'로 통한의 교단생활을 마무리하고 말았단다. 학생들이 잘못을 저질러 매 한 대 맞으면, 그에 대하여 '당연한 일이지!'가 지난 시절 한국인들의 반응이었다. 그러나 지금은 아니다. 그 옛날 쇼팽이 피아노 치듯 잘도 놀리는 손가락으로 스마트폰을 눌러 잽싸게 부모에게 경찰에게 신고하는 그들이란다.

'나를 낳아주신 분은 부모'지만, '나를 인간으로 만들어 주신 분은 선생님'이라고 말하던 시절이 있었다. 지금은 '부모가 돈을 내서 먹여 살리는 존재'가 선생인 세상이다. '내 덕에 살아가는 존재'가 선생이라는 것이다. 툭하면 학부모가 찾아와 교사들의 멱살을 잡거나 뺨을 치고 뻔질나게 경찰차가 교문을 드나드는 것도 바로 그 때문이다.

'돈 없고 뒷배 없는 놈은 국립사범대학에나 가야 한다'는 말을 귀에 못이 박히도록 들었고, 가난에 찌들어 있던 나는 미련 없이 그곳으로 갔다. 들어가서 책으로나마 페스탈로치의 철학도 배웠고, 그의 철학과 삶을 통해 내 선택을 정당화하고자 노력도 했다. 고백하건대, 학교 시절 맘에 드는 선생님들은 거의 없었다. 괜찮은가 싶다가도 여지없이 '인간적인 민낯'을 드러내는 분들이 대부분이었다. 그래도 '선생님이니 존경하는 게 맞다'고 늘 나 자신을 눌렀다. 그 시대엔 누구나 그랬다.

　'선생도 역시 사람'이라는 것, '그래도 교직이 다른 직종보다는 수시로 잘못을 자책하게 만드는 분야'라는 것, '그래서 교사는 결정적 흠결이 상대적으로 적을 가능성이 농후한 분들'이라는 것. 이렇게 내가 선생님들의 '존재론적 진실'을 깨닫기까지 50년의 세월이 필요했다.

　베이비부머는 6·25 직후부터 1960년대 초 사이에 출생한 사람들이다. 부모로부터 물려받은 전통사회의 의식을 지금의 그것으로 바꾼 장본인들, 부모에게 효도하고 선생님을 존경해 왔으면서 정작 자식들에게는 그걸 제대로 가르치지 못한 장본인들이다. 이들의 자식들이 자식들을 낳아 학교에 보내게까지 되었으니, 학교의 꼴은 불문가지. 선생이 특정 학생에게 언성만 높여도 부모로부터 득달같이 전화가 걸려오고, 심하면 찾아와 멱살잡이와 폭력이 이어지는 시절이다. 지금의 아이들은 무서운 것도, 딱히 존경하는 대상도 없다. 부모들도 아이들에게 무서움과 존경을 가르치지 않는다. 요즘 부모들은 입만 열면 '아이들 기죽이지 말라!'고 고함친다.

'제멋대로 구는 힘'이 '기'는 아니다. 기에는 정기正氣/精氣와 사기邪
氣가 있다. '불의에 굴하지 않는 기개', '바른 자세로 매진하는 기개'가
정기요, '사람을 속이고 공동체를 교란하며 제멋대로 구는, 삿된 기운'
이 사기다. 요즘 부모들이 아이들의 기를 세우려 한다지만, 그 상당수
는 삿된 기운일 뿐이다. 그래서 지금의 아이들은 또래들로부터 '왕따
되는 것'만 무서울 뿐, 도대체 무서운 게 없다. 잘못을 저질러도 부모
가 나서서 감싸주고 경찰이 나서서 보호해 주기 때문이다. 요즘 군대
에 무수한 '관심사병'이 상존常存하는 것 또한 이런 교육 때문이라고
들 말한다. 결국 빗나간 자식 사랑이 교육을 망치고, 군대를 망치고,
사회를 망치고, 나라까지 망치게 되었다는 것이 내 교사 친구의 진단
이었다.

아이들에게 '존경할 만한 대상', '무서운 대상'을 만들어줘야 한다.
선생님으로부터 꾸중 받고 전화를 걸어온다면 부모는 곧바로 학교에
찾아가 학생들이 보는 앞에서 선생님께 땅에 닿도록 머리를 조아리며
'가정교육 부실'에 대해 사죄해야 한다. 그런 다음 전화 걸어온 자식을
매섭게 꾸짖어 그로 하여금 '무서운 대상'과 '존경할 대상'을 알게 하
는 길만이 우리 모두 사는 길이라고 울분에 찬 그 친구는 역설했다.
그의 말이 끝나기도 전, 해는 져서 사방은 캄캄해지고 있었다.🜨

제3부

중언부언重言復言

'압존법壓尊法' 혼란 시대

　현직 시절에 만난 우리 과의 어느 학생. 똑똑하고 공부 잘하며 착한 여학생이었다. 그가 내게 전화를 걸었다. 학교 전체 졸업식이 끝난 뒤 있게 될 학과 행사 관련 연락이었다. 그런데, 한참 듣다가 나도 모르게 꾸지람을 내뱉고 말았다. 압존법이 심히 부정확했다. 사실 이 학생만 압존법을 모르는 건 아니고, 또 대학생들만 그런 게 아니었다. 일선 관청을 방문할 때도, 집안의 조카나 며느리들과 대화를 할 때도 늘 '그놈의 압존법' 때문에 당황하기 일쑤였다. 심지어 TV 토론을 진행하는 앵커의 말에서도 흐트러진 압존법을 발견하곤 했다! 대학에서 평생을 지내온 나는 학생들과 대화하면서 가장 참기 어려운 문제가 바로 압존법의 혼란이었다. 거의 모든 학생이 압존법을 모르거나 무시한다. 아무나 무조건 높이는 게 '장땡'인 줄 아는 그들이었다. '발언자 말 속의 주체가 발언자보다는 높지만, 듣는 사람보다는 낮을 때, 말 속의 주체를 높이지 않는 어법'이 압존법이다. 그와 나는 전화로 이런 대화를 나누었다.

- 학생: 학과 졸업식에 참석하실 수 있으세요?
- 나: 학과 졸업식에 누구누구 참석하나?
- 학생: 졸업생, 학생회 집행부 임원들 합쳐 40여 분이 참석하세요.

- 나: 그 밖엔?
- 학생: 2학년 학생분들 가운데 시간 나시는 분들도 참석하실 거예요. 그런데 아직 방학 중이시라서 몇 분이나 나오실 수 있으실지 알 수 없어요.
- 나: 혹시 1학년생들은 참석 안 하나?
- 학생: 아, 1학년 분들은 아직 등록을 안 하신 상태이셔서 참석 못하실 거예요.
- 나: 야, 너 압존법을 배웠니? 못 배웠니? 네가 나한테 얘기하면서 꼬박꼬박 학생들을 높이면 나는 도대체 뭐니? 누구보다도 국문과 학생이라면 정확한 언어를 구사해야 하는데, 지금 네가 하는 말이 압존법에 맞는다고 생각하니?
- 학생: …

그 학생이 무슨 죄이랴? 잘 가르치지 못한 내가 잘못이지. 학창 시절 나는 압존법이란 말 자체를 들어본 적이 없었다. 그러니, 지금 대학생들을 포함하여 젊은 세대는 말하여 무엇 하겠는가? 웅변학원에 보내어 사자후를 토하는 방법만 가르쳤고, 데모의 현장에서 격한 어조로 선동하는 방법만 배웠을 뿐, 제대로 된 대화법을 가르치거나 배운 적이 없었다. 선생님들도 모르는 압존법을 학생들이 어떻게 알 수 있겠는가. 그래서 도대체 요즘 젊은이들이 어떻게 압존법을 사용하는가를 알기 위해 인터넷을 뒤져 보았다. '국립국어원' 홈페이지에 사례로 게재된 문답은 다음과 같았다.

[질문]

직장 상사를 그보다 높은 윗사람에게 말할 때는 높여 말합니까, 높이지 않습니까?

[답변]

부장에게 과장에 대하여 말할 때 "과장님 외출하셨습니다." 하는 것이 옳은지, "과장님 외출했습니다." 하는 것이 옳은지 판단하기가 쉽지 않습니다. 잘못하면 부장을 화나게 할 수도 있고, 또 과장을 불쾌하게 만들 수도 있습니다. 그래서 평사원들이 이 문제 때문에 고민하다가 "외출하……" 하고 얼버무리는 경우가 많습니다. 그러나 윗사람에 관해서 말할 때는 듣는 사람이 누구이든지 상관하지 말고 '-시-'를 넣어 말하는 것이 원칙입니다. 즉 평사원이 과장을 사장에게 말할 때라도 "사장님, 김 과장님 거래처에 가셨습니다." 하고 말해야 합니다.

이렇게 윗사람에 대하여 말할 때 '-시-'를 넣어 말하는 것은 회사 안에서만이 아닙니다. 다른 회사 사람에게 말할 때도 상대방 직급에 관계없이 '-시-'를 넣어 말합니다. 즉 평사원이 자기 회사 과장을 다른 회사 부장에게 말할 때도 "김 과장님 은행에 가셔서 안 계십니다."처럼 말합니다. 그런데 윗사람에 대한 경어법에 '-시-'만 걸리는 것은 아닙니다. 존칭 조사 '께서'를 사용해야 하는지 하는 것도 문제입니다. 그래서 부장에게 과장을 말할 때 "과장님께서 외출하셨습니다."라고 해야 할지 "과장님이 외출하셨습니다."라고 해야 할지 망설여집니다. 그러나 구어체에서 존칭 조사 '께서'는 필수적인 요소가 아닙니다. '과장님께서'보다는 '과장님이'라고 하는 것이 좋습니다. "부장님, 과장님이 외출하셨습니다." 하고 말하는 것이 적절합니다.

과연 혼란의 근원은 국립국어원에 있었다! 평사원이 과장을 사장에게 말할 때 "사장님, 김 과장은 거래처에 갔습니다."라고 하는 것이 옳다. '사장님, 김 과장님 거래처에 가셨습니다.'라는 말과 '1학년 분들은 아직 등록을 안 하신 상태이셔서 참석 못하실 거예요.'라는 2학년 여학생의 말은 압존법이 엉망이라는 점에서 차이가 없다. 압존법을 인정하면서 압존법을 솔선하여 깨고 있는 국립국어원의 판단은 매우 사려 깊지 못하다.

　　영어에는 압존법이 없다. 물론 어조語調에서 높이고 낮춤을 분간할 수 있다고는 하지만, 그들의 말은 매우 단순하다. 그러나 우리는 말 속에 많은 장치들을 두고 있지만, 의미와 감정의 전달에서 매우 합리적이다. "사장님, 김 과장은 거래처에 갔습니다."는 말을 생각해 보자. 대화의 상대인 사장을 높이는 효과, 군더더기 존칭소를 생략함으로써 전달 내용의 명료화를 기하는 효과 등이 어느 외국 말보다 우수하지 않은가. 어려서부터 압존법을 제대로만 가르치면 단순명료하면서도 품위 있는 국어 생활을 할 수 있는데, 생활언어의 교육을 소홀히 함으로써 우리는 지금까지 너무 많은 것들을 잃어왔다. '커피 나오셨습니다. 만원 되시겠습니다.' 같은 엉뚱한 말, '다른'을 '틀린'으로 틀리게 말하기 일쑤인 무감각, 범죄자들에게까지 깍듯한 존칭을 일삼는 TV 방송 앵커들의 몰상식이 횡행하는 사례들 모두 생활언어 교육의 부재를 보여주는 사례들이다. 이제라도 교육 현장에서 제대로 된 생활언어를 가르쳐야 한다. 자격 없는 앵커들과 교사들을 재교육시켜야 한다.
　　이건 '틀딱'의 고집스럽고 시대착오적인 투정이 결코 아니다.💩

시골 정착기

집을 짓고 전원으로 내려오기까지 그곳과 서울을 오가며 마음으로만 농사를 지었다. 곡식 아닌 풀 농사를. 1박2일 잡초와의 승산 없는 전투를 건성건성 마무리하고 도망치듯 상경, 일요일 아침 학교 연구실의 고요함에 피곤한 몸을 묻는 것이 일상이었다. 지난 금요일 밤까지 쓰던 논문 파일을 꺼내놓고 '침 발라가며' 끊어진 생각의 실마리를 이으려 애써보지만, 나오는 문장들은 잡초 줄기 꼬이듯 지리멸렬. 안락의자에 윗몸을 비스듬히 맡기고 눈을 감아도, 피로는 옷을 적시는 빗물처럼 번지기만 했다. 비몽사몽 속절없이 흐르는 시간의 충격에 간헐적으로 화들짝 놀라며 눈을 떠 보긴 하나, 눈꺼풀은 천근만근 늘어지고 생각의 끝은 가뭇없이 사라졌다. 해가 설핏해질 무렵 어쩔 수 없이 자리에서 일어나며 '이제 삶의 리듬을 바꾸어야 한다'고 힘주어 다짐하곤 했다. 다음 주에도 똑같은 사이클이 반복되리라는 걸 잘 알면서도 말이다.

책상 앞에서 책과 씨름하는 생활은 일요일 혹은 월요일 아침부터 금요일 초저녁까지 만이었다. 무슨 일이 있어도 나를 기다리는 녀석들을 보러 전원에 내려가야 하는 토요일 새벽 무렵의 요동치는 생체 리듬을 거부할 수 없기 때문이었다. 나를 기다리는 건 9할이 잡초이고 1할 정도가 작물. 그러나 그 모두가 생명이니 어쩌랴. 그것들이 지난주에 비해 몇 뼘이나 자랐을까 몹시 궁금하고 걱정스러운 것을! 지난번 심어 놓은 고구마 순은 뿌리를 내렸을 것이며, 서리태는 싹을 틔웠을까. 그 사이사이에 모습을 보이던 잡초들은 또 어떤 기세로 고구마와 서리태를 괴롭히고 있을까. 큰 희망을 품고 씨를 뿌려 넝쿨까지 조성해 놓은 더덕밭은 이미 억센 잡초들에 휘감긴 채 '더덕 산'으로 변신한 지 오래. 가끔 그 속에 들어가 더덕들의 안부를 확인하지만, 이름도 모를 잡초들만 그득했다. 이 잡초들이야말로 그 땅이 원래 산이었음을 입증하는 존재들 아닌가. 참으로 끔찍한 생명력이었다.

일생을 흙 속에 사신 부모님. 나는 순혈 농부의 아들이다. 1년 농사를 지어 이듬해 땅 몇 평 늘리고, '장리長利'로 곳간을 채워오신 분들. 이른바 '자수성가自手成家'의 표본이셨다. 옴짝달싹할 수 없는 황톳빛 시골에서 출구가 보이지 않던 그 시절, 대처에 나가 공부한다는 것은 불가능에 가까운 일이었다. 어쨌든 하늘이 도운 것일까. 부모님의 멋진 단안 덕에 간신히 탈향할 수 있었다. 그 뒤로 '결코 고향엔, 흙에 묻혀 살아야 하는 고향엔 돌아가지 않으리!' 노래 부르며 이 나이까지 타향을 전전해 왔다. 그러나 알 수 없는 게 인간의 마음이었다. 나이를 인식하게 되면서 생각이 달라지기 시작했다. 부모님의 꿈을 떠올리게 된 것. 이루지 못한 당신들의 꿈이 과연 무엇이었을까 생각하기 시작한 지 당시로 20년이었다.

뽑히지 않는 바래기 풀을 억지로 휘어잡아 뽑고 그물처럼 촘촘하게 땅을 덮은 띠 풀을 쥐엄쥐엄 뜯어내며, 호미와 맨손으로 흙을 주무르시던 부모님 얼굴의 주름과 그 골들 사이로 줄줄 흐르던 땀을 생각한다. 부드러운 양토良土의 풀을 뽑으며 미루어 둔 논문들이나 걱정하고 그런대로 제 길을 잘 가고 있는 아이들의 미래나 상상하는 나와 달리, 돌투성이 박토薄土에 힘들여 호미 날을 꽂으시며 공부한답시고 객지에서 떠도는 아이들의 끼니 걱정에 허리 끊어지는 고통도 잠시 잠시 잊으셨을 부모님을 떠올렸다.

입으로는 에코팜의 멋진 풍수를 자랑하고, 어린 시절 부모님의 노동을 통해 눈으로 익힌 어설픈 농사지식이나 떠벌이곤 하지만, 지금의 내가 무엇을 알 수 있단 말인가. 손바닥 크기의 땅뙈기, 자칫 한 해 농사를 망치면 보충할 길이 막막했던 그분들이셨다. 말 없는 땅을 상대로 표출하시던 결기決氣를 그 누군들 제대로 이해할 수 있으랴.

그래서 나는 에코팜의 풀 한 포기라도 함부로 대하지 못한다. 사람들은 이러는 나를 '게을러 빠져서 옥토를 풀밭으로 만든 놈이 별 핑계를 다 댄다'고 비웃으리라. 하룻밤 자고 나면 산판처럼 우거져 있는 잡초를 보면서도 놈들을 처치하지 못하는 나를 이해할 수 없으리라. 그러니, 산이면 어떠랴. 잡초와 곡물, 반반씩이라도 건지면 될 것 아닌가. 잡초 하나 없이 반질반질 고른 땅에 온갖 곡물들을 보암직하게 길러내는 시골 어른들의 눈에 '한량 놀이'처럼 보인다 한들 어쩔 수 없다. 우거진 잡초를 보며 '잡초생태연구소'란 자조적自嘲的 언사를 농하고 있긴 하나, 그 옛날 부모님이 꿈을 키우시던 곳과 비슷한 공간을 내가 휘젓고 다닐 수 있는 지금이 얼마나 행복한가. 풀을 뽑지 못해 멀쩡한 옥토를 산판으로 만들었다 해도, 무언가가 왕성하게 자라고 있는 이 공간이 그 얼마나 좋은가. 오죽하면 잡초밭에 '에코팜(Eco Farm: Ecological Farm)'의 명패를 붙여놓고 자랑스레 홍보하겠는가?^^

나처럼 농사를 모르는 사람도 농사를 잘 짓는 사람들과 어울려 질기디질긴 저 잡초들처럼 생생하고 즐겁게 살아갈 수 있는 공간을 만들어 보리라 생각했다. 그 한복판에서 풀과 함께 아옹다옹 꿈을 가꾸셨을 내 부모의 작은 유택幽宅과 소박한 돌비 하나 세워 보겠다고 결심했다. 그 돌비에 새길 문구는 이미 내 마음에 새겨져 있으니,

"잡초같이 질긴 고집과 꿈을 자식에게 물려주신 두 분, 여기 잠들다"라고.🪨

남녀관계, 그 학문과 체험의 거리

언젠가 알렉스 자보론코프라는 영국 생명과학자의 책이 소개된 기사를 읽게 되었다. 『늙지 않는 세대(the Ageless Generation)』이란 제목의 책. 인간의 잠재력을 최대한 끌어내려면 성관계를 중지해야 한다는 것, 섹스를 포기한다면 150세까지 수명 연장이 가능하다는 것, 성관계 대신 윗몸 일으키기, 팔굽혀 펴기 등의 규칙적인 운동과 소식小食을 해야 한다는 것, 따라서 장수를 바라는 사람이라면 결혼을 크게 고민해 봐야 한다는 것 등이 기사에 소개된 핵심 내용이었다.

그러지 않아도 '삼포세대[연애·결혼·출산을 포기한 세대], 오포세대[연애·결혼·출산·인간관계·집 을 포기한 세대], 칠포세대[연애·결혼·출산·인간관계·집·꿈·희망을 포기한 세대]'가 출현하여 우리 모두를 우울하게 만들고 있는 지금 아닌가. 경제가 어려워 '남녀의 기본 관계'조차 포기해야 하는 이때, 이런 책의 출현을 바라보아야 하는 심정은 매우 착잡하다. '오래 살려면 섹스를, 아니 결혼을 포기하라'는 저자의 주장에 얼마간의 근거가 있다고 해도, 결혼과 섹스를 포기하라니? 삶의 행복을 추구하고 2세를 낳아 세상을 유지하게 하는 것은 사실 인간의 권리이자 의무이기도 한데 말이다. 150년을 살기 위해 하늘이 부여한 인간 최대의 특권을 포기하라는 것은 아무리 생각해도 어불

성설이다.

내가 보기에 한국 역사상 최고의 노래 문학 '만횡청류蔓橫淸類' 가운데 두 작품만 들어 본다.[*독자들을 위해 현대어로 제시한다.]

1. 술 먹고도 병 없는 약과
   색 쓰고도 오래 사는 약을
   값 주고 살 수 있으면
   맹세코 아무리 비싼들 관계하랴?
   값 주고도 못 살 약이니
   눈치 알아가며 조금씩 하여
   백 년까지 해보세.

2. 꼭 백 년 살 줄 알면
   주색에 빠진다 관계하랴.
   행여 참은 후에 백 년을 못 살면
   그 아니 애달픈가?
   인명은 하늘에 달린 것이라
   주색을 참은들
   백 년 살기 쉬우랴?

두 노래 모두 절창이다. 이 노래들의 핵심은 끝에 있다. "눈치 알아가며 조금씩 하여/백 년까지 해보세", "인명은 하늘에 달린 것이라/주색을 참은들/백 년 살기 쉬우랴"는 말들 속엔 인간의 최대 즐거움을 포기할 수 없다는, '욕망 합리화'의 긍정적 철학이 담겨 있다. 더구나 두 번째 노래 중간의 "행여 참은 후에 백 년을 못 살면/그 아니 애달픈가?"라는 멘트는 통찰과 지혜가 녹아든 명언이자 자보론코프를 납작하게 밟는 주장이기도 하다. 인생 백 년을 한정하고 조금씩 절제하며 죽을 때까지 즐겨보자는 것, 소리치고 살아봐야 백 년을 못 사는 게 인생이니 주색을 즐겨보자는 것. 얼마나 달관한 철학자의 논리인가.

수명을 연장해 보려고 섹스 혹은 2세 생산의 즐거움을 포기한 채 팔굽혀 펴기와 윗몸 일으키기나 쉬지 않고 해야 한다면, 참으로 따분한 일생 아닌가. 그렇게 150을 살아서 대체 무엇을 하겠다는 것인가. 그렇게 보면, 일생 연구실에서 머리를 짜낸 자보론코프 교수보다 옛날 우리네 노래꾼들이 훨씬 지혜롭다고 할 수 있지 않을까. 그렇다고 맘대로 주색에 탐닉하라는 말씀은 아니니, 강호제현은 새겨들으시라.🍵

불효자 방지법

오래 전의 일이다. 길을 건너려고 횡단보도 끝에 서 있는데, 건너편을 보니 기상천외한 현수막이 걸려 있었다.

"불효자 방지법으로 효도 많이 하겠습니다!"
○○○○○당

갑자기 픽 웃음이 터졌다. 당시 어떤 야당에서 내건 모양인데, 기가 막히는 현수막이었다.

패륜 자식들의 소식이 하루가 멀다 않고 터져 나오는 요즈음. 얼마 전엔 참다못한 아버지가 40대 아들에게 양육비와 교육비를 청구하는 소송을 제기한 일도 있었다. 이런저런 일들이 터져 나오니, 표가 급한 그 당에서는 그런 패륜을 막는다는 명분으로, 기상천외한 '불효자 방지법'을 내 걸었을 것이다.

대체 효도란 무엇일까. 법이 무서워서 하는 효도가 진짜 효도일까. 내가 하는 효도가 남에게도 효도일 것이며, 내 부모가 생각하는 효도를 남의 부모도 효도로 생각할까. 법조문을 만들려면 효도의 개념이나 실행 내용까지 구체적으로 제시해야 할 터인데, 그걸 대체 무슨 수로 규정한단 말인가.

당시 어느 노부모 학대의 주범이 아들이라는 사실도 밝혀진 바 있었다. 학대를 받으면서도 자식에게 해가 갈까 다른 사람들에게는 쉬쉬하는 게 우리 부모들의 마음이다. 아무리 엄한 법을 만들어 놓으면 뭣하랴. 불효자식을 사법기관에 고소할 부모의 비율이 몇 %나 될 것이며, 불효를 저질러 고소당할 정도의 인간으로 법조문 앞에 무릎 꿇을 자식 놈들은 또 몇 %나 되겠는가. 그러니 일거리 모자라는 변호사들만 가뭄에 단비 만난 듯 부모-자식 간 송사를 찾거나 부추기며 돌아다닐 것이며, 부모로부터 수임하는 변호사가 다른 곳에선 불효자로부터 수임하는 유능한 변호사도 나올 것은 뻔하다. 오전의 어떤 법정에서 피해 부모를 위해 변론하다가 오후의 다른 법정에서는 가해 불효자를 위해 변론하는 일도 드물지 않을 것이며, 부모와 불효자의 싸움판에서 오락가락 변론을 벌이다 보면 '불효 문제'에 관한 창과 방패가 같은 변호사의 손에서 마련되는 놀라운 일도 비일비재로 나타나리라. 그러다 보면 부모와 자식은 단순히 사회적 계약 관계 혹은 그 이하의 우스운 관계로 전락할 것 아닌가.

참, 할 일 없으면 모자라는 잠이나 잘 것이지. 비싼 세비 받고 놀기가 계면쩍어서들 그러는 것이었을까. 아니면 변호사들로부터 로비라도 받았던 것일까. 상식으로 이해하기 어려운 법을 만들겠다고 대형 현수막까지 내건 그 당의 의도는 대체 어디에 있었을까. 표를 얻을 목적으로 내건 것이면, 당장 내리는 것이 좋다는 생각이 당시에 대뜸 들었다. 표 떨어지는 소리를 들으면서도 자꾸만 그런 일을 벌이는 그들의 생각을 알 수가 없었다. 이 법이 제정된다 해도 통과되기 쉽진 않았겠지만, 통과되었다면 그 순간부터 그나마 남아있던 우리의 미풍양속은 모조리 없어졌을 터. 불효자 방지법 제정이 불가능하다고 본 것은 다음과 같은 이유에서였다.

첫째, 효도가 무엇인지 법리적으로 설명할 도리가 없다.
둘째, 부모가 자식을 양육하기 위해 들어간 돈과 정성을 산정할 방도가 없다.
셋째, 만일의 사태를 생각하여 애가 태어나는 순간부터 치부책을 써야 할 텐데, 그 스트레스를 생각해 보았는가. 그리하여 아이 낳지 않으려는 남녀가 양산될 것이니, 민족과 국가의 생명은 서서히 끊어져 갈 것이다.

그 법안이 제출되었거나 통과되었는지 기억에는 없지만, 살다 살다 별 해괴한 일을 다 본 셈이었다. 그래서 지금이 말세라는 것일까.🍵

왜 집을 짓는가

　몇 해 전 귀촌 준비에 '올인'하다시피 하던 시절. 나의 내면에서는 부질없는 질문들만 꼬리를 이었다. '조율만 하다가 연주다운 연주는 해보지도 못하는' 피아니스트처럼, 준비에만 내 인생의 진액을 모두 소진해 가고 있는 건 아닌가. 길게 느껴지기만 하던 시간의 여울들을 넘다 보니 어느새 내 몸과 마음을 송두리째 던져야 할 타이밍에 도달하면서 자꾸 주춤거려지는 것은 왜인가. 몸에서 기름기가 빠져나가는 것과 정비례로 마음에서도 자신감이 빠지고 있는 것일까. 늙어갈수록 생활에 편리한 대도시가 좋을 거라는 선배들의 조언을 귓전으로 흘려들었는데, 그 말들이 고장 난 레코드판 다시 돌아가듯 지금서야 새록새록 마음에 되살아나고 있었다.

　그 얼마 전 시청으로부터 건축허가를 받았고, '대지 분할·경계 측량'을 끝냈으며, 며칠 뒤에는 집터와 주변 땅의 지번地番을 받았다. 지난 몇 달간 토목사무소를 통해 측량을 마쳤고, 건축설계사무소를 들락거리며 건축설계를 완성했으며, 그 설계를 구현하기 위한 기초 작업까지 비로소 마무리한 것이다. 초보 농부의 서툰 농법으로 잡초에 휩싸여 신음하다가 그 이듬해 내 아름다운 땅에 붉은 고추 대신 '집'을 심게 된 것이었다!

그동안 집 짓는 일은 아예 시작도 하지 말라는 충고들을 선배들에게 무수히 들었다. 닳고 닳은 건축 시공업자들을 상대하다 보면 마음대로 되지도 않을 것이며, 돈은 돈대로 들고 집도 마음에 들지 않을 것이라고 했다. 집 한 채 짓고 나면 '폭삭' 늙고 만다는 것이었다. 그동안 살던 아파트에서 그냥 눌러살든지, 굳이 시골에 가려거든 누가 살다 내놓은 집을 얻어 잠시 살아본 뒤 결정하는 게 백 번 현명한 일이라는 것이 그들의 중론이었다. 사실 집 한 채를 짓는 데 드는 돈이나 정력을 생각하면 은근슬쩍 겁이 나는 것도 사실이었다.

그러나 내 생각은 달랐다. 남들의 말을 수용하여 도시 한 구석의 후줄근한 공간이나 시골 어느 골짜기 누군가 살다가 버려두고 떠난 공간에서 내 삶을 마치고 싶은 마음은 추호도 없었다. 나는 어린 시절 초가집에서 살았다. 농부로 자수성가하신 부모님이 나무와 흙으로 지으신 집에서 10대 중반까지 살다가 집을 떠났다. 그로부터 몇십 년 세월, 하숙집·자취집·아파트 등을 전전하며 살아왔다. 부모님의 집과 당시 살고 있던 아파트만 빼면, 모두 '남의 집'에서 살아온 것이었다. 부모님의 집도 내 집은 아니고 내가 살고 있는 아파트도 남이 지어놓은 '끔찍하게 획일적인' 공간일 뿐, 당시도 내 집이란 생각은 들지 않았다. 덧없이 살다가 '바람처럼' 사라지는 인생, 잠시라도 내 손으로 지은 집에서 살다 가는 것을 '사치'라 타박할 수 있는가. 작지만 내 뜻에 따라 지은 집, 그것도 주변의 자연과 조화를 이룬 집에서 살고 싶을 뿐이었다.

그것이 내겐 새로운 삶의 시작이었다. '자연과의 대화와 사색을 통해 내 공부와 인생을 마무리해 가리라!' 생각만 해도 가슴이 벅차올랐다. 20년 전 유럽 자동차 여행 중 하이델베르크 대학 건너편 언덕에서 만난 '철학자의 길'이 눈에 선했다. 네카어강이 흐르고 하이델베르크 고성과 대학촌이 손에 잡힐 듯이 건네 다 보이던 그 언덕길. 당시 나는 그 길을 걸으며 그 옛날 하이델베르크 대학의 교수들을 떠올려 보았다. 칼 야스퍼스, 칼 만하임, 헤겔, 가다머 등등. 쟁쟁한 철학자들이 그 길을 걸으며 자신들만의 사유思惟를 다져 나갔으리라. 내가 집을 지으려는 곳에 그렇게 예쁜 대학촌은 없었다. 눈을 들면 폐교된 옛 초등학교와 띄엄띄엄 무리 지어 서 있는 민가들이 전부. 그러나 그것들을 품어 안고 있는 산세는 하이델베르크 못지않게 아름답고 보암직했다. 그 경치를 보고 있으면 마음이 고요해지고 맑은 생각의 샘물이 퐁퐁 솟아남을 느낄 수 있었다. 그래서 그곳에 내 작은 와옥蝸屋을 앉히고자 한 것이었다.

　"인간은 자신이 필요로 하는 것을 찾아 세계를 여행하고 집에 돌아와 그것을 발견한다."고 아일랜드의 문인 조지 무어(George Moore)는 말했다. 그간 나는 내가 필요로 하고 세상이 필요로 한다고 믿는 것들을 찾아 세상을 두루 돌아다녔으나, 어쩌면 그것들은 환상이나 신기루였을 가능성이 컸다. 아니, 조지 무어의 말처럼 그것들 모두는 앞으로 내가 지을 집 안에 오롯이 들어앉아 있음을 발견하게 될지도 모른다. 그래서 나는 내 집을 지어야 했다. 그것만이 그간 환상을 찾아 헤매온 내 영혼을 포근히 안식하게 하는 길임을 믿었다. ☕

방귀 쪽지

몇 해 전 언제쯤이던가. 신문을 읽다가 모처럼 소리 내어 웃었다. 주변 누군가의 (소리 없는) 방귀로 인해 괴로움을 당하고 있던 비행기 안의 한 승객. 참지 못하고 냅킨에 적어 여승무원에게 기내 방송을 요구했으나 결국 방송되지 않았고, 쪽지는 나중에 그 승무원의 아들에게 전해져 소셜 미디어에 공개된 모양이었다. 다음은 쪽지의 내용.

I don't know if you can make an announcement, but if you can you should say that whoever is farting in the area of rows 10 to 12 should definitely see a doctor because they might have ass cancer.["방송을 해주실 수 있을지 모르겠지만, 가능하시면 10열과 12열 구역에서 방귀를 뀌고 있는 어느 분인가 '똥꼬 암'에 걸렸을지도 모르니 (비행기에서 내린 뒤) 반드시 의사를 찾아보라고 해주세요."]

이 글을 냅킨에 쓴 걸 보면, 아마 식사 시간 혹은 그 바로 뒤였으리라. 오죽 괴로웠으면 승무원에게 이런 냅킨 쪽지까지 보냈을까. 아마 그[그녀]도 설마 승무원이 그 쪽지를 기내 방송으로 공개해 주리라 기대는 하지 않았을 것이다. 이미 여러 차례(?) 도둑 방귀를 뀌어댄 마당에, 기내 방송을 한다고 '방귀 혐의자'가 선뜻 커밍아웃할 위인은 아니었을 것이기 때문이다.

 그렇다면, 이 쪽지 작성자는 누구였을까. 비행기가 크냐 작으냐의 차이는 있겠지만, 10~12열 구역에 있는 사람들이래야 십수 명 내외였을 것이다. 분명 냄새는 풍기는데 '범죄자'가 누군지 모르니, 어쩌면 그 구역 사람들 모두 서로들을 '혐의자'로 의심하고 있었음에 틀림없다. 그러다가 그들 중 가장 비위가 약하거나 결벽증이 강한 사람이 이 쪽지를 작성했으리라. 방귀 냄새를 견디지 못하는 사람이거나, 자신은 분명 뀌지 않았는데 혐의자들 가운데 하나로 몰리는 것이 억울하고 걱정되는, 이른바 '도덕적 결벽증'의 소유자였으리라. 분석심리학의 이른바 '자기방어기제[self-defence mechanism]'의 발로라고나 할까? 아니면, 더 적극적으로 '방귀 뀐 놈이 성낸' 경우였을 수도 있으리라.

 누가 되었든, 참 재미있는 일 아닌가. 방귀 냄새가 오죽 독했으면, '똥꼬 암'에 걸렸을지도 모른다고 표현했을까? 무엇보다 화장실을 지척에 두고도 '적진에 침투하여 화생방 작전하듯' 그런 방귀를 좌석에 몰래 풀어놓은 당사자의 '후안무치厚顔無恥'야말로 금메달감이라 아니 할 수 없을 터. 이 유머, 우울한 시점에 만난 한 잔의 탄산소다라 할 수 있으리라. 그의 증상이 부디 '똥꼬 암'이 아니었기를…🍵

논문에 대한 미련한 미련

　학자란 누구인가. 넓은 의미로 '학문을 연구하는 사람', 좁은 의미로 '대학교나 연구소 등 연구기관에서 전문적으로 학문을 다루는 사람'이다. 학문을 연구하거나 다룬 결과는 논문이나 책으로 나오기 마련이니, 교수나 학자는 논문 쓰는 사람, 혹은 '논문으로 말하는' 사람이다. 제대로 학자 노릇을 하기가 쉽지 않은 요즈음이다. 선현들이 남긴 생각을 토대로 자신의 뜻을 세우기가 좀처럼 쉽지 않다. 그저 앞 사람들이 걸어간 길을 그대로 따라가는 건 그런대로 가능할 수도 있으리라. '전술傳述할 뿐 짓지 않으며, 옛것을 믿고 좋아한다[述而不作 信而好古]'라고 『논어』「술이」편에서 공자는 말했다. 정말로 그가 '술이부작'으로만 일관했을까. 사실은 앎에 대한 겸양의 태도를 강조한 말이었을 것이다. 학자는 도덕가를 겸해야 한다는 차원 높은 인식의 노출로 보는 것이 옳다. 공자가 극구 사양한 것은 '없던 것을 만들어 낸다'는 창조자의 타이틀이 맘에 들지 않았을 것이다. 외람하다 보았기 때문이리라. 외람하지만 않다면, 그 역시 '인간에게 좋은 것들을 만들어내는 것이 좋다'는 판정을 내리지 않았을까. 공자가 얼마나 창조적인 생활을 했는가를 생각해 보면, '술이부작' 속에는 자칫 교만해지기 쉬운 인간을 다잡는 의미가 들어 있을 뿐, '새로운 것'을 고안하거나 만들어내는 일을 부정적으로 보지 않았음은 분명하다.

내 본업은 교수였다. 교수는 당연히 학자이고, 학자가 대부분 교수인 것은 여전히 우리의 상식이다. 그래서 교수는 연구하고 가르치는 일을 겸하는 존재다. 대학원 시절, 존경하던 은사들은 늘 '좋은 논문 많이 쓰라'고 말씀하셨고, 당신들께서 몸소 모범을 보이셨다. 상당 기간 대가들의 곁을 배회하며 논문 쓰는 일의 중요성을 마음에 새겨온 나다. 언제나 되어야 저분들처럼 멋진 논문들을 맘껏 써서 후학들을 지남指南할 것인가. 뜻은 높되 손과 머리가 따라주지 않아, 일종의 비원이 마음속에 똬리처럼 들어앉게 된 내 학창 시절이었다.

비교적 이른 나이인 스물일곱에 대학의 전임교수로 자리를 잡으면서도 마음은 편치 못했다. 초년 시절 내내 '논문을 써야 한다'는 강박에 사로잡혀 있으면서도, 진짜로 쓰지 않고 못 배기는 테마나 문제의식 혹은 가설 하나 제대로 떠오르지 않는 나날이 꽤 오래 지속되기도 했다. 어느 순간 '공부가 설어서 그렇다'는 것을 스스로 깨치긴 했으나, 그에 대한 처방을 얻지 못한 채 이날까지 열심히 '삽질하며' 학자의 삶을 살고있는 중이다.

밤늦도록 연구실에서 고민하며 책장을 넘기고, 휴일을 잊은 적도 적지 않았지만, 내 곳간은 그때나 지금이나 늘 비어 있다. 물색 모르는 고향 친구들은 '교수는 그저 놀고먹으며 땡하는 직업 아니야?'라고들 놀리기 일쑤였다. 수시로 불러대는 친구들의 '번개 자리'에 불참하는 나를 그들은 이해하지 못했다. 적막한 연구실에 틀어박혀 글 한 편을 완성하기 위해 끙끙대는 나를 이해하려 하지 않았다. 그래서 나는 눈총을 줄 때마다 빙그레 웃음으로 화답할 뿐이었다. 그러고 나면 마음이 한결 한가로워졌다.

여섯 평 연구실에서의 사십여 성상星霜은 길지만, 짧았다! 오래전 애송이 시절, 답답할 때면 존경하는 소재영 선생님께 전화를 드리곤 했다. 내게 늘 사표師表가 되어주신 학자의 표본. 문득 생각해 보니 그분이 원로 교수의 정상에 서 계실 때 나는 40을 바라보는 애송이였다. 당시 그분은 참으로 까마득하게 올려다보였다. '나도 저 연세가 되면 저 경지에 도달할 수 있을까?'라는 멍청한 생각에 사로잡혀 있었는데, 세월이 흐르니 나이만큼은 어느덧 그 고개에 올라서고 말았다. 논문 쓰는 일도, 강의도, 세상사도 모두 달관의 경지에서 유유자적 해결하시던 내 나이 때의 선생님이셨는데. 지금의 나는 어찌 그 경지를 헤아리지 못한다는 말인가. 늘 뇌리를 훑고 지나는 아이디어나 가설을 잡아 매어놓고 내 것으로 만들기 위해 무진 애를 쓰지만, 손에 잡히는 결론은 늘 '텅 빈 괄호( )' 뿐이다!

누가 있어 '무엇이 중헌디?'라고 물으면, 정말로 할 말 없다. 쉽게 헤아릴 수 없을 만큼의 논문들을 써 보았지만, 결론이 하나같이 공백으로 남아있다면, 그간 줄곧 헛공부만 해왔다는 말이다. '교수니까 논문을 쓴다'는, 굳어버린 아비투스 속에서 가치 있게 살아야 했던 삶을 스스로 몰각沒却해 온 건 아닐까. 그러면서도 '교단생활을 쓸쓸하게 마무리하고 싶지 않다'는 습관적 욕망에 사로잡혀 논문의 화두話頭를 꼭 틀어쥐고 걸상을 당겨 앉곤 하던 내 모습은 또 얼마나 우스꽝스러웠을까. 인문학이 밥을 해결해 주지 않는 시대에 (고맙게도) 우리를 찾아준

학생들의 눈치를 살피며, 고담준론高談峻論을 펴는 내 모습은 또 얼마나 가련하고 처량해 보였을까.

정년으로 내 삶은 새로운 국면에 접어들었다. 육체의 괴로움을 통해 내 실존을 아프게 자각하는 에코팜 노동의 은혜로운 시간이라도 없었던들 허물어져 가는 내 자존심의 성벽을 무슨 용기로 대면해 왔을까.

이제 더 이상 논문을 쓸 수도 없고, 써서는 안 될 것 같은 시절로 접어들었다. "네가 쓴 논문들을 찢어 버려라!" 등짝을 후려치는 죽비와 함께 귀를 찢는 노老 선승禪僧의 할喝이 텅 빈 내 마음을 울린 뒤 메아리가 되어 에코팜의 서재를 휘감다가 사라지곤 한다. 깨달음은 내게 미래의 시간을 부여할 것인가. 아직도 미련이 남아 갈가리 찢긴 논문들을 주섬주섬 이어 붙이면 천사의 날개옷으로 부활할 수 있는가. 그 옷만 걸치면 구만리 장천을 훨훨 날아오를 수 있을 것인가.

설거지를 하며

　현직 시절, 나는 특별한 점심 약속이 없는 경우 대부분 연구실에서 혼자 빵으로 때우곤 했다. 당시 시중에는 맛난 빵들을 구워 파는 집들이 제법 많아지고 있었다. 누구네 빵집이 맛있다고 SNS에라도 뜰라치면 빵집 주인들은 달려가 냉큼 배워온다고 했다. 그뿐 아니었다. 제빵의 달인이 되고자 세계 '빵의 나라들'에 유학하며 배워오는 젊은이들도 있었다. 20여 년 전 프랑스를 여행할 때 그곳 제빵 학원에 유학 나온 한 젊은이를 만난 적이 있었다. 외국 생활에 고생하면서도 빵의 달인이 되려는 의지로 충만한 그가 참으로 경이롭고 존경스러웠다. '비싼 밥 먹고 할 일 없으면 잠이나 처잘 것이지, 그 큰돈 쓰며 빵 배우러 프랑스에 간단 말이여~?' 라고 무섭게 꾸중 듣던 시대에 태어나 자란 나로서는 참으로 놀라운 만남이었다. 그런 젊은이들이 나이가 들고 자리를 잡으며 우리네 빵 산업도 세계와 어깨를 겨룰 정도가 된 것이다. 후배 세대가 만드는 그런 빵의 덕을 나는 톡톡히 보고 있었던 셈이다.

　당시 점심에 빵은 언제나 두 쪽이었다. 그러나 여기에 따라야 할 것들이 적지 않았다. 버터·치즈·잼·커피 등이 대중적인 것들이고, 내 점심상에는 특별히 '꿀에 잰 마늘'과 '매실 조림'이 더 올랐다. 그리고 즉석에서 쪄낸 달걀 한 알로 모자라는 단백질을 보충하곤 했다. 다 먹은 뒤 아무래도 서운하여 나만의 레시피로 제조한 디저트를 반드시 꺼냈다. 얇게 썬 완숙 토마토에 올리고당과 매실청을 부어 밀봉한 다음 냉장고에 넣고 1주일간 숙성한 특식이었다. 점심 식사 후 그중 일부를 덜어 직접 만든 요플레와 아몬드 몇 개를 섞으면 어디 내놓아도 꿀릴 것 없는 최고의 디저트가 되었다.

지금 내가 호화판(?) 점심을 먹고 지냈노라 허튼 자랑을 하는 건 결코 아니다. 핵심은 설거지다. 원래 띄엄띄엄 먹던 '연구실 혼밥'이 코로나가 창궐하면서는 일상이 되었던 것. 그런데 다양한 음식 용기들을 수용하려면, 가뜩이나 좁은 책상이나 응접탁자가 터질 지경이었다. 설거짓거리들도 당연히 많았다. 밥상이 작든 크든 먹고 나면 설거지는 피할 수 없었다. 원래 나는 설거지가 싫지 않았다. 아니, 설거지를 즐긴 지 꽤 오래이던 것이 당시의 나였다.

사실 혼자 점심을 먹다 보면 이런저런 생각들이 많이 떠올랐다. 주로 당장 해야 할 일들, 누군가가 나에게 던진 실언이나 의도치 않은 실수, 잘 나가던 논문이 봉착한 난관 등등. 많은 것들이 음식과 함께 씹혀 내 안으로 들어왔다. 식사가 끝날 무렵 이것들이 뒤엉키면 모색해야 할 방향은 오리무중이 되고 말았다. 그 상태에서 주섬주섬 그릇들을 챙겨 들고, 각 연구실의 조교나 근로학생들이 차지하기 전 잽싸게 탕비실로 달려가 설거지에 몰입하곤 했다. 내가 경험한 설거지의 장점은 다음과 같다.

첫째, 맛난 음식에서 이렇게 지저분한 찌꺼기가 나온다는 사실을 눈으로 확인하면서 만남이나 모임 혹은 일의 끝이 어떠해야 하는가를 깨닫게 되었다.

둘째, 지저분한 찌꺼기와 때가 시원하게 씻겨 나가는 모습을 보면, 식사 도중 떠올랐던 복잡한 상념들이 한꺼번에 정리되면서 일종의 카타르시스를 경험하곤 했다.

셋째, 궁극적으로 남들에 대하여 가졌던 서운한 감정이 대부분 물과 함께 씻겨 나가고 그 원인이 나 스스로에게 있었음을 깨닫게 되었다.

당시 설거지를 마친 뒤 몸과 마음이 가뿐해졌던 이유를 요즘 '가만히' 회상하는 버릇이 생겼다. 그러다가 문득 깨달은 것이 바로 앞에 제시한 세 가지 이유들이다.

그렇다면 나는 왜 이러한 깨달음에 이른 것일까. 그릇을 닦는 행위와 마음을 닦는[수신修身] 행위 간에는 긴밀한 유사성이 있다. 원래 마음은 객관화할 수 없어 은유로만 표현될 수 있을 뿐이고, 그 경우 '마음을 닦는다'는 취의趣意를 가시적으로 보여주기 위해 '그릇 닦는 것'을 유의喩意로 끌어왔을 뿐이다. '그릇 닦는 것'은 행주로 그릇의 때를 빼는 행위지만, '마음을 닦는 것'은 좋은 말이나 글 혹은 깨달음을 통해 마음속의 사악함을 정화하는 행위이므로 처음부터 둘 사이에는 거리가 있었다. 그러나 오랜 세월 '그릇 닦는 것'과 '마음 닦는 것'은 이중적 상상을 통한 은유의 관계로 연결되었다. 그 유산을 배워온 나이기에 그릇을 닦으며 '내 마음의 때를 닦아내고 있다'는 수신의 본질을 떠올리게 된 것이나 아닐까.

어쨌든 '혼밥' 점심을 통해 영양소를 섭취하고 세상사를 사색할 뿐 아니라, 그 설거지를 통해 수신이라는 망외望外의 소득까지 얻게 된 나로서는 이 두 행위를 마다할 이유가 없었다. 아니 당시에는 오히려 '혼밥 점심시간'이 은근히 기다려지기도 했다. 최근에는 '접시닦이 알바를 많이 했다던 초창기 미국 유학생들[혹은 그 부인들]도 혹시 이런 생각을 하며 그 고역을 견딘 건 아니었을까'라는 객쩍은 생각까지 하게 되었다. 지금 나는 '혼밥 점심과 설거지'를 그리워하는 중이다.🍚

곤포 사일리지(梱包 silage)

이제 더 이상 사람이 낫을 들고 벼 수확을 하는 시대가 아니지요. 콤바인을 몰고 다 익은 벼 논에 들어가 곡물을 베고, 탈곡하고, 선별하고, 포대에 담는 등 여러 단계의 일들을 일관 작업으로 수행하는 시대이지요. 콤바인 작업이 끝나는 대로 거둔 벼를 트럭에 실어 건조장으로 보내면 일단 주인 손에서 떠납니다. 건조된 벼는 수매장으로 넘겨 정부의 비축미로 팔고, 남는 것 중 일부를 쌀로 찧어 가족들의 한 해 식량으로 삼는 겁니다.

그것으로 끝이 아닙니다. 콤바인 작업을 하고 난 논바닥에는 낟알 털린 볏짚들이 줄줄이 누워 있게 됩니다. 적당한 시간이 지나고 그 볏짚들을 모아 유산균을 섞은 다음 단단히 포장한 것이 바로 곤포 사일리지입니다. 그 속에서 맛있게 발효된 볏짚들은 다음 해 목초가 나올 때까지 소들의 먹이로 요긴하게 쓰이지요.

이십여 년 전 미국에 체류할 때나 자동차로 유럽 여행할 때 저는 곤포 사일리지들을 자주 목격했습니다. 그때부터 저는 전원 혹은 농토 위에 구르는 하얀 색 곤포 사일리지들을, 농촌의 부를 상징하는 일종의 기호로 받아들이게 되었습니다. 그러던 중 그것들이 몇 년 전부터 가을·겨울에 걸쳐 우리나라 농촌에도 흔한 풍경으로 자리 잡은 것을 알게 되었지요. 이제 우리 농촌도 제가 그려온 '부농富農'의 단계로 접어들었다고 할 수 있을까요?

곤포 사일리지를 볼 때마다 저는 타임머신을 타고 수십 년 전의 어린 시절로 시간여행을 하곤 합니다. 제 어린 시절 농촌에서는 농지 다음으로 소를 중요하게 여겼습니다. 어느 집이나 소 한 마리씩은 데리고 살았지요. 소 없이 논밭일을 한다는 건 상상도 할 수 없었어요. 이른 봄부터 소와 함께 논밭에 나가 땅을 가는 것이 농민들의 주된 일이었습니다. 그러다 보니 소를 먹이는 것은 사람이 먹고사는 것 다음으로 중요한 일이었습니다. 늦은 봄부터 가을까지는 들판에 풀이 그득하니 그것들을 베어다 먹이거나 풀밭에 끌고 나가 매어놓기만 하면 그만이었습니다. 그러나 겨울부터 봄철에 이르기까지 오랜 기간 소의 배를 어떻게 채울 것인가가 문제였습니다.

집 집마다 약간씩 달랐지만, 우리 집의 경우를 말씀드리지요. 당시 방앗간에 가서 보리방아와 쌀 방아를 찧으면 겨가 나오지요. 아주 고운 보릿겨는 송두리째 지고 와야 할 만큼 가장 긴요한 물건이었지요. 벼의 경우 1차로 나오는 왕겨는 모두 방앗간에 버리고, 두 번째 나오는 속 겨는 한주먹도 버리지 않고 실어와야 했습니다. 두 가지 모두 소먹이의 가장 중요한 부분이기 때문이었지요. 그리고 추석 4~5일 전쯤 소가 좋아하는 길고 부드러운 풀들을 중심으로 관리해 오던 산판에서 '새꼴'을 벴습니다. 왜 '새꼴'이라 불렀는지 정확히 알 수는 없습니다. 지금 생각해 보니 '새꼴'은 '새+꼴'로 만들어진 복합어인 것 같습니다. '새'와 '꼴'이란 말들을 네이버 국어사전을 찾아보니 아래와 같이 설명되어 있군요. 먼저 '새'.

"1. 볏과 식물을 통틀어 이르는 말. 띠, 억새 따위가 있다.

2. 볏과의 여러해살이풀. 높이는 30~120cm이며, 잎은 흔히 뿌리에서 나고 선 모양이다. 여름에서 가을까지 연한 녹색의 작은 이삭으로 된 꽃이 원추圓錐 화서로 피고 목초로 쓰인다. 볕이 잘 드는 초원이나 황무지에서 자라는데, 한국·일본·중국 등지에 분포한다."

그리고 '꼴'이란 말을 다음과 같이 풀어 놓았군요.

"말이나 소에게 먹이는 풀"

아, 그 '새꼴'이란 바로 억새 등의 볏과 식물과 기타 잡초 등 소가 잘 먹던 풀들을 통틀어 부르던 명칭이었던 것 같네요. 그러니 당시 우리 고향의 어른들은 매우 정확한 명칭을 사용하고 계셨던 겁니다. 어쨌든 일꾼들 4~5명이 들러붙어 하루 종일 낫으로 천여 평 가까운 풀을 베어 산 바닥에 깔아놓습니다. 추석 뒤 대략 한 주쯤 지나면 파란 풀들이 기분 좋은 풀 향기를 풍기며 대충 마르고, 그 상태를 살펴서 괜찮다는 판단이 들 경우 걷어서 낟가리 모양으로 쌓아놓습니다. 벼 타작 끝난 뒤에 나오는 볏짚 또한 한 올 버리지 않고 쌓아놓습니다. 그래서 추수가 끝나면 볏짚과 새꼴 등 작은 동산 모양의 두 종류 낟가리가 집집마다 마당 한 구석에 올록볼록 솟아올라 있게 되는 것이지요.

날씨가 추워져서 소를 외양간으로 옮겨 맨 다음부터는 볏짚과 새꼴을 7:3으로 배합하여 작두로 썰어낸 여물이 주식으로 소에게 제공되었습니다. 아침 일찍 일어나신 아버지는 부엌의 가마솥에 여물과 겨[쌀겨·보릿겨], 채소 이파리 등을 '조리 후에 나오는 영양분 섞인 설거짓물'로 버무려 '소죽'을 끓이셨습니다. 저는 그 구수한 소죽 냄새를 맡으며 잠자리에서 일어났습니다. 아버지, 어머니는 새벽 5시쯤 잠자리에서 일어나시고, 저는 6시쯤 일어난 것도 그 때문이었습니다. 가마솥 소댕이 덜컹대며 푹푹 김이 오르면 소죽이 익었다는 신호이고, 다 익은 소죽이 그득 담긴 양동이를 달랑달랑 들고 4~5차례 왕복하면서 외양간의 구유로 날라 주는 일은 제 담당이었지요. 쬐끄만 녀석이 달랑거리며 소죽 양동이를 들고 오는 모습을 큰 눈으로 바라보며 침을 흘리던 '뿔 찌그러진 암소'를 지금도 잊지 못합니다. 소죽을 다 먹고 나면 볏짚과 새꼴을 섞어 작두로 썰어낸 여물을 구유 가득 채워 주는 것이지요. 소가 소죽을 다 먹지 않는 경우 아버지와 어머니는 그 이유를 분석하곤 하셨습니다. 여물에 문제는 없었는지, 겨에 문제는 없었는지, 설거짓물에 문제는 없었는지 등등. 저는 두 분 사이에 다양한 의견들이 오고가는 모습을 보며 자랐습니다.

그렇게 세월은 흘렀습니다. 이제 돌아온 전원에는 볏짚이나 새 꼴동산 대신 곤포 사일리지가 구르고 있네요. 지금 제가 살고 있는 동네 어른들을 잡고 물어도 새꼴이나 소죽의 추억을 갖고 계신 분들은 안 계셔요. 콤바인으로 추수가 끝나면 농부들은 볏짚을 팔아버리지요. 저는 이곳 어른들에게 값을 물어보지는 않았어요. 추수 후 볏짚을 돈으로 계산할 수 없었던 내 고향의 추억 때문입니다. 가족 같은 소가 먹을 겨울 동안의 양식인데, '판다'는 건 상상도 못할 일이었지요. 그래서 나는 동네 어른들에게 그 값을 묻지 않는 겁니다. 지금의 농부들이 곤포 사일리지를 팔아서 주머니는 두둑해졌을지 몰라도, 그 볏짚과 새꼴을 섞어 작두로 썰어내던 '여물'의 추억은 아마 누구의 마음속에도 없을 겁니다.

그렇다고 제가 감히 '농경시대를 헛살아오셨네요!'라고 그분들을 조롱하는 것은 아닙니다. '새꼴과 볏짚을 섞어 썰어낸 여물의 추억'이 제겐 소중한 '빈티지 보물'일 수 있지만, 누군가에겐 '버리고 싶은 시간의 땟자국'일 수 있기 때문이지요. 앞으로 언제쯤 '라떼'적 삶의 모습을 재현해 놓고 젊은 영혼들을 유혹할 수 있을까요?🍲

불편한 타향에서 편안한 타향으로

잡답雜沓의 메트로폴리스 서울에서 정밀靜謐의 공간 에코팜으로!
드디어 삶의 터전을 옮겼다. 2020년 9월 2일엔 당진의 막내 동생 병원에 10년 가까이 보관해 두었던 책 짐을, 5일엔 서울 아파트의 책들과 살림살이들을, 12일엔 학교 연구실의 책 짐을 각각 실어 옴으로써 세 차례에 걸친 이사의 대장정을 마쳤다. 이제 내 생애 노마드의 천막을 걷어 나귀 등에 싣는 일은 더 이상 없을 것이다. 에코팜에 뿌리를 내려 살다가 때가 되면 그 옛날의 은자隱者들처럼 자취 없이 땅속으로 스며들 것이다. 올해로 서울살이 장장 33째. 서울 안에서 두 번째 이사 후 정착한 1992년으로부터는 28년 만에 서울을 뒤로 하게 된 것.

가슴이 후련했고 발걸음은 날 듯이 가벼웠다. 30년을 넘게 살아도 서울은 '늘 타향'이었다. 내 집에 살면서도 잠시 세 들어 사는 것처럼 낯설고 불편했다. 문만 열면 가게들과 병원들, 교통수단들이 손에 잡힐 만한 거리에 늘어서 있으니, '서울 생활이 불편하다'는 것은 어폐語弊가 있는 표현이리라. 그런 차원의 불편이 아니다. 먼 길을 가던 중 잠시 쉬어가려 짐을 내려놓았다가 인파에 휩쓸려 '어정세월' 30년을 넘긴 지금, 정신을 차려보니 가야 할 길이 까마득하지 않은가. 사람들에 부대끼며 익힌 처세술이나 생존방식 자체의 바탕이 바로 불편 아닌

가. 내겐 자성自性을 관조觀照하지 못한 채 희희낙락 유물론적 편안함에 안주하는, 그 자체가 불편이었다. 그래서 20여 년 전부터 내 나름의 '가거지可居地'를 물색해 왔다. 그러던 중 8년 전 에코팜을 발견했고, 그간 농사를 지어 오다가 드디어 올해 집을 짓게 된 것이다.

지난 8년간은 이곳의 풍토와 문화에 적응해 온 기간이었다. 원주민들과의 심리적 거리를 좁혀야 했고, 농촌 친화적 사고방식도 갖추어야 했다. 잡초를 뽑거나 작은 나무들을 심고 큰 나무들의 가지치기를 하면서 생산의 의미를 체득하게 된 것은 물론, 내가 익혀 온 도회적 사고방식을 송두리째 버릴 수도 있게 되었다.

땅이 전하는 소리를 들을 수 있어야 이 공간에서 통용되는 삶의 양식도 이해할 수 있었으니, 동트기 전 잠자리에서 일어나 정안천 변을 산책하며 온갖 새들과 고라니들을 만나고, 갈대들 사이로 흘러내리는 맑은 물의 의미를 깨닫는 것은 나의 내면을 정비하기 위한 필수 일과였다. 동네 어른들을 만나 농사일을 묻는 것은 이 지역의 풍토를 호흡하여 내 육신의 자양분으로 삼기 위한 수양이자 공부였다. 농사일에 관한 대화는 토착민들과의 소통에 절대적인 의미를 갖는다. 땅을 통해 사람과 사람 사이의 체온이 전달되고, 마음과 마음이 연결되기 때문이다.

집을 지은 뒤 연못을 만들었다. 습기가 많아 늘 물이 질척이는 곳을 파고, 그 곁으로 우회도로를 뚫었으며, 연못 맞은편에 채소밭을 만들었다. 관성지觀性池라 명명한 연못을 틈틈이 돌며 내면을 관조하노라면, 복잡하던 마음은 한결 차분해진다. 만들고 보니, '화룡점정畵龍點

晴'이 따로 없다! 미꾸라지 1kg과 손바닥 크기의 보리 붕어 다섯 마리를 풀어 놓으니 관성지에 아연 생기가 돌고, 맹꽁이도 개구리들도 덩달아 몰려들어 자리를 잡았다. 잠자리는 알을 뿌리느라 꼬리를 물에 내리기 일쑤이고, 이 동네 길냥이들도 목을 축이며 제 그림자를 내려다보곤 한다. 조만간 이 고을의 진객 백로도 날아 올 것이다. 관성지를 한 바퀴 돌면 채소밭이라, 배추와 무를 바라보며 농부로서의 정체성을 확인하는 재미도 쏠쏠하다. 채소밭 옆으로 펼쳐진 풀밭에는 3년 전에 심은 30그루의 소나무가 제법 꼴을 갖추어 가는 중이다. 소나무의 거침없는 기상을 바라보며 에코팜에 들어온 것이 내 생애의 '첫 성공 사례'임을 실감한다.

이해관계의 메커니즘 속에서 늘 불편하던 공간이 서울이었다. 사람 사는 곳이니, 에코팜이라고 어찌 이해관계와 무관하랴. 다만 자연에 몸을 의탁한 이상, 인위人爲의 이악스러움을 훨씬 자주 순화시켜 갈 수는 있으리라. 좀 더 나은 방향으로 변해가는 내 모습을 관성지에 비춰보며 자꾸만 흠을 닦아내다 보면, 저 후덕한 무성산의 능선을 닮아가지 않겠는가.

30년 묵은 짐들의 정리를 가까스로 마무리한 오늘. 조만간 '에코팜 찬가'가 나오길 기대하며, 나 자신과 강호의 벗님들께 '무성산 에코팜의 약속'을 조용히 상기시키고자 할 따름이다.<2020. 9. 15.>☕

책을 잘 버려주신 분들께 감사드리며

책과 돈은 한 곳에 고여 있으면 썩는다. 한 나라의 경제가 잘되려면 돈이 '재빨리 활발하게' 돌아야 하고, 한 나라의 학계가 잘 되려면 책이 많이 만들어져 왕성하게 유통되어야 한다. 내 서재에서 잠자고 있는 책들이 언젠간 후학 누구에겐가 전해져 새로운 지식의 원료로 쓰인다면, 그보다 더 다행한 일은 없을 것이다. 누구에겐가 증정한 내 책이 자취생의 라면 냄비 받침으로 쓰이다가 애완견의 똥받이나 시골 집 아궁이의 불쏘시개로 사라지는 것보다는 중고 서점 진열대에라도 올라 새로운 수요자에게 선택받을 날을 기다리는 편이 훨씬 다행한 일이리라.

그러나 시계추처럼 당위와 현실 사이를 쉴 새 없이 오가는 것이 인간의 마음이다. 며칠 전 페이스북에 포스팅한 '책을 쓰지도 말고, 증정하지도 말라!'는 내 글이 바로 그런 경우다. 내가 누구에겐가 친필 헌사를 써서 증정한 책들이 중고 서점의 서가에 진열되어 있었고, 그 책들을 산 고향 후배가 내게 전화를 걸어 그 사실을 알려주었다. 그 책들이 훌륭한 내 후배의 손에 들어갔으니, 제대로 된 임자를 만났다는 사실에 일단 안도했고, '책들은 돌고 돈다'거나 '책들은 돌고 돌아야 한다'는 당위를 확인한 셈이었다. 그럼에도 왜 나는 이리 섭섭하고 슬퍼

질까.

　고향 후배가 찍어 보내 준 헌사들의 사진을 보는 순간, 처음 내 책을 받았을 그 사람들의 얼굴이 떠올랐다. 다섯 사람 모두 바로 눈앞에 앉아 있는 듯 생생했다. 서운함의 강도로 말하면 제자, 대학 후배, 몇 년 전 정년 퇴임한 교수[*그는 현재 목사로 활동 중이다!], 신문사 기자, 문학평론가로 활동 중인 다른 대학 교수 등의 순서로 나열되었다. 갓 펴낸 전공책에 '박학다사博學多思'란 소망 섞인 헌사를 써서 제자에게 건넸으니, 당시 나는 그를 얼마나 아꼈던 것일까. 그다음이 대학 1년 후배. 시내 모 대학에 재직하던 그는 언젠가부터 내가 재직하고 있는 대학에서 박사 공부를 했고, 학위를 받은 후에는 가끔 강의를 나오기도 했다. 강의가 끝나면 종종 연구실로 찾아왔고, 함께 점심이나 저녁 식사를 하면서 세상 돌아가는 이야기도 곧잘 나누던 사이였다. 시원치는 않으나 첫 수필집을 '소람笑覽'이란 헌사를 써서 그에게 증정했다. 공부하는 처지에 수필집을 낸 사실이 겸연쩍었던 것일까. '웃으면서 보아 달라'는 주문을 담은 헌사였다. 그다음이 내가 재직하고 있는 대학의 모 외국어문학과에 있다가 몇 년 전 퇴임하여 목회를 하고 있던 교수. 그에겐 내 단평집 『어느 인문학도의 세상읽기』를 건넸다. 그다음은 전공책 『세종대왕의 봉래의, 그 복원과 해석』[공저]에 신년 인사를 헌사로 적어 증정한 모 언론사의 기자다. 아마 지면에 소개 좀 해달라는 속뜻도 담겨 있었을 것이다. 마지막은 문학평론가로 활동 중인 모 대학 교수다. 똑똑하고 실력 있는 현대문학 분야 전공자인데, 내가 무슨 연유로 이 책[『로터스 버드와 홍길동 이야기』]을 증정했는지는 분명치 않다.

　처음 고향 후배에게 전화 연락을 받을 당시에는 밀려드는 서운함과 후회를 누르기 어려웠다. 나로선 상상하기 어려운 일이었기 때문이다. 무엇보다 그가 보내 준 그 책들에서 단 한 페이지를 넘겨 본 흔적이라도 발견했다면 덜 서운했을 것이다.[*페이스북에 그 글을 포스팅한 다음 날 고향 후배는 퀵서비스로 그가 서점에서 산 책들을 내게 보내왔다] 처음 내게 받은 그대로 어딘가 던져 놓았다가 쓰레기장에 내다 버렸음을 그 책들은 내게 속속들이 일러바치고 있었다! 그런 사람들에게 '나로서는 금쪽같은' 그 책들을 정성스레 포장하여 증정했다는 사실이 땅을 칠만큼 후회스러웠다.

　늘 책 욕심에 찌들어 살아온 나인지라, 책을 (더구나 저자에게 증정받은 책을) 버리는 행위는 일종의 '죄악'이었다. 누군가로부터 받은 책들에는 그들의 얼굴과 정신이 박혀 있었고, 그것들은 늘 나를 주시하고 있었다. 그래서 나는 그들과 대화를 주고받으며 나를 다잡아 온 셈이다. 내가 남에게 책을 줄 때도 마찬가지 마음이다. 감사와 호의, 그리고 충고가 듬뿍 담긴 마음이다. 선배들에게는 '감사'의 뜻을 담는다. 힘들여 만든 책을 드릴 수 있는 선배가 계시기에 행복하다는 마음이 그것이다. 친구들에게는 '우정'의 뜻을 담는다. '너와 나는 친구, 앞으로도 변치 말고 함께 가자'는 뜻을 내 분신인 책에 담아 전하는 것이다. 선택된 제자들에게는 '충고'의 뜻을 담는다. '학해양양學海洋洋/마부위침磨斧爲針/박학다사' 등을 포함, 대상에 따라 그 수와 내용은 다양하다. 그런 마음을 담아 건넸으므로, 가급적 그 책이 오래 간수되길 바라는 것이 내 소망이었다. 그러나 이번 해프닝을 통해 깨달았다. 무언가를 끄적거린 종이 뭉치인 책은 삶의 공간이나 잡아먹는 물건이어서, 학자들이라 할지라도 그것을 그리 소중하게 여기지 않는다는 사실을! 세상은 좁고 사람은 많은데, 무거운 책을 지고 다니며 소중한 삶을 방해받기 싫어한다는 사실을 새삼 확인하게 된 것이다.

이 다섯 권의 버려진 책들은 그저 우연히 내 눈에 띄었을 뿐, 내가 헌사를 써서 증정한 책 가운데 버려진 경우가 어찌 이것들뿐이랴. 분명 그들은 아파트 혹은 동네 어귀의 쓰레기통에 이 책들을 버렸으리라. 간혹 눈썰미 있는 쓰레기 처리업자나 폐지 수거자가 저울에 달아 종잇값으로 계산하여 중간상에게 넘겼을 것이고, 그 단계에서 일부가 살아남아 중고 서점으로 들어갔을 것이다. 그러니, 그만 해도 얼마나 다행이냐? 노숙자들의 라면 냄비 받침으로 쓰이다가 지나가는 껄렁패들의 발길질에 너덜거리며 굴러다니는 것이 내 눈에 띄었다면, 나는 아마 5분 정도는 족히 기절해 있었을 것이다. 그래서 내 증정본을 그나마 중고 서점의 진열대에 오르도록 해준 이분들에게 심심한 사의를 표하고 싶은 것이다. 얼마나 나를 사랑하기에 중고 서점의 점주 눈에 잘 띄는 쓰레기장에 버려주었는지, 이분들이 눈앞에 있다면 절이라도 하고 싶은 심정이다.

책을 잘 버려주신 여러분, 고맙습니다!!!☕

곁엣 사람이 즐거우면 먼뎃 사람도 찾아온다

십여 년 전의 일. 긴긴 설 명절 내내 서울을 지키다 보니 좀이 쑤셨던 걸까. 점심을 사겠다는 핑계로 밖에서 영빈永彬을 만난 것도 그 때문. 이제 막 돌 지낸 녀석의 말문 트려 애쓰는 모습이 신기했다. '할아버지'를 불러보라 애타게 주문해도 어렵사리 내놓는 발음은 한결같이 '하메이~'였다. '할아버지 어디 있나?'라는 물음에 손가락으로 정확히 짚어내긴 하는데, 발음은 여전히 '하메이'다. 어찌어찌 '할머니'까지는 성공했는데, 네 음절을 뱉어내기에는 아직 역부족이었는가. 네 음절 발음을 주문하는 성화에 가까스로 세 음절을 뱉어내곤 녀석도 쑥스러운지 웃음으로 눙치곤 했다. 인간이 말을 익혀가는 모습을 녀석에게서 새삼 흥미롭게 발견했다.

녀석처럼 호사스럽진(?) 않았지만, 내게도 저렇게 말을 배우던 시절이 있었으리라. 문득 녀석의 부모를 보니, 재롱부리던 어린 시절의 모습이 솜털처럼 아련히 남아있는 것 아닌가. 벌써 아버지의 포스를 갖춰가고 있는 모습. 그동안 내게도 네게도 시간은 여지없이 흘렀구나!

모두 잠들어 사방이 적막해질수록 내 의식은 또렷해졌다. 책상에 앉으면 당장 생각을 굴려야 할 일들과 밀린 글들이 산적해 있었지만, 여러 갈래로 마음이 부서졌다. 이제부터 어떻게 살아가야 하는가. 먹고

사는 문제뿐 아니라, 이제 어떤 마음과 표정, 태도로 살아가야 할 것인
가. 갓난아기와 젊은 아이들이 '뒷물'이 되어 나를 밀어내고 있는데,
방향을 제대로 잡고 밀려가는 '앞물'의 모습을 아름답게 갖추기란 여
간 어렵지 않았다.

'어떻게 살아가야 할 것인가?'의 문제였으리라. 세대마다 다르기 마
련인 그 문제를 공자 문하의 똑똑한 제자들도 깨달았던 것일까. 그 점
이 궁금한 듯 선생께 여쭈었다. 『논어』「공야장公冶長」 26번째 대목이
바로 그것. 자로子路는 '수레와 말과 가벼운 가죽옷을 친구와 함께 쓰
다가 망가져도 원망하지 않았으면 한다'고 했으며, 안연顔淵은 '남에게
착하게 했노라 자랑하지 않고 남에게 공치사하지 않았으면 한다'고 했
다. 그러자 공자는 '늙은이들이 편안하게 여기고, 친구들이 믿음직하게
여기며, 젊은이들이 기억하고 그리워해 주었으면 한다老者安之 朋友信
之 少者懷之'고 말했다.

바로 그것이다. 바른말 한답시고 가까이에 있는 부모와 주변 어른들
의 마음을 편안치 못하게 한 일, 가까운 친구들을 살갑게 대하지 못해
믿음을 주지 못한 일, 그런 가운데 아름답지 못한 말을 사려 깊지 못하
게 내뱉어 주변 어린아이들의 마음을 사지 못한 일 등등. 내 아픈 곳을
어찌 이리도 정확히 짚어냈을까. 혹시 공자도 만년에 이르러서야 모든
문제의 근원이 가까이에 있음을 깨달았던 것일까.

가까운 사람들이 나를 '편안히 여기고, 믿고, 그리워하게 만들려면'
어떻게 해야 할까. 법대로 원칙대로만 되지 않는 것이 세상사다. 나이

든 자의 여유와 너그러움, 그리고 '스스로 즐거워함으로써 남들을 즐겁게 하는 것'만이 해결책임을 아는 사람이 많지 않은 게 세상이다. 정치도 마찬가지. 틈만 나면 '신뢰와 원칙'을 언급하던 역대 대통령들은 왜 주변에 정말로 가까운 사람들을 두지 못했을까. 혹시 대통령의 언행이 나이 든 사람들을 불편하게 하고 친구들을 미덥지 못하게 하며 어린 사람들을 소원疏遠하게 만든 건 아니었을까. 섭공葉公이 정치를 묻자 공자는 "가까이에 있는 자가 즐거우면, 먼 곳에 있는 자들이 몰려온다[近者悅 遠者來]"고 했다. 굳이 대통령까지 갈 필요도 없다. 주변 사람들과 즐겁게 살아가는 것만이 세상의 무대에서 사라질 때까지 외롭지 않게 살아가는 방법임은 나 같은 필부匹夫들도 마음에 새겨야 할 '삶의 진리'이리라.🍵

여인들의 넋두리를 그리워하며

베이비부머인 필자는 어려서부터 전통적 상례의 현장을 꽤 많이 접했다. '누구네 초상 났다!'는 외침이 마을을 울리면, 어린 나도 어른들 틈에 끼어 상가로 달려가곤 했다. 멀리서나마 사자死者의 모습을 뵌 뒤, 나는 시신을 붙잡고 넋두리하며 수시로 통곡하는 부인과 딸, 며느리 등 여성들의 모습을 예의주시했다. 죽음보다 넋두리에 싣던 여인들의 사연과, 애조哀調에 잠긴 목청이 더 슬펐다. 당연히 내 얼굴에도 눈물이 흘렀다.

그렇던 관습이 완벽하게 바뀐 것은 '장례 산업'이 정착하면서부터였다. 병원 영안실에 상청이 마련되면서 우리나라 여성들은 '넋두리의 슬프고 아름다운 전통'을 상실하게 되었고, <공무도하가>·<가시리> 등에서 내가 발견한 우리의 '넋두리 문학' 혹은 '만가輓歌'를 새로운 세대에게 설명할 근거마저 잃어버렸다. 사랑하는 임이 죽어 떠나는 현장에서 터뜨리는 넋두리는 얼마 전까지 우리나라 여인들에게 대물림되어 온 집단 심성의 표출 방법이었다.

사랑하는 사람을 떠나보내는 여인의 넋두리는 의식화儀式化된 무당의 그것보다 앞선다. 어원적으로 넋두리는 '넋[魂]'과 '두리'의 합성어다. '두리'는 동사 '두루다[還]' 즉 '돌이키다'의 명사형이다. 따라서 '넋두리'는 '(떠나가는) 넋을 돌이킴'이다.

여보 그 물 건너지 마시랬지요

당신은 기어이 건너시다가

물에 빠져 돌아가시니

당신을 어이하면 좋아요?

<공무도하가>

가시렵니까 가시렵니까?

버리고 가시렵니까?

날러는 어찌 살라하고

버리고 가시렵니까?

붙잡아 두고 싶지마는

서운하면 아니 올까 두려워

서러운 임 보내 드리오니

가시는 것처럼 돌아오소서

<가시리>

　추정컨대, <공무도하가>는 중국 측 문인文人이나 악관樂官이 수집한 것을 진晉나라 최표崔豹가 상화가相和歌들을 모아놓은 『고금주古今注』에 실었고, 그 후 중국의 시인들에게 널리 수용되어 수많은 악부시로 재탄생된 슬프고 아름다운 우리 민족의 노래다. 그 속에 다른 민족의 여성들에게서 찾을 수 없는 '넋두리 구조'가 핵심으로 들어 있다. 이 노래는 '물 건너다 빠져 죽은' 남편을 바라보고 늘어놓은 넋두리이었을 뿐이다. 그러나 그 넋두리는 하도 처절하고 아름다워 사람들의 입과 귀를 거치는 과정에서 노래로 바뀌었고, 윤색된 배경 설화가 붙

으면서 중국의 문인들과 예인들에게 광범하게 수용되었으리라.

　'가지 마세요, 가지 마세요, 그렇게 물에 빠져 떠나시면, (홀로 남은) 나는 어떻게 살아요?'라는 여인의 절절한 부르짖음이 노래의 핵심이다. 물에 빠져 죽어간 남편을 위해 한바탕 넋두리로 애도한 뒤 절망을 이기지 못한 그 여성도 물에 뛰어들어 남편을 따라간 것이다. 말하자면 그녀는 서러운 넋두리로 남편에 대한 애도와 함께 자신에 대한 애도[즉 자만自輓]의 '의식儀式아닌 의식'까지 수행한 뒤 목숨을 끊은 것 아닐까.

　여기서 한발 더 나아간 <가시리>는 '만가輓歌'다. 만가는 죽은 사람을 애도하는 노래나 가사이고, 상여꾼들의 상엿소리를 뜻하기도 했다. 따라서 만가는 '의례화儀禮化된 넋두리'다. 물론 <가시리>도 전반은 넋두리다. 그러나 후반에 들어가면서 달라진다. 제5구의 '붙잡아 두고 싶다'는 것은 생존에 대한 집착이다. 죽어 떠나는 임을 현실에 붙잡아 놓고 싶다는 화자의 집착과 욕망을 드러낸 부분이다. 그러나 '한 번 죽어 떠난 임이 살아날 리 없다는 것'을 잘 알고 있는 화자 자신은 그 절망감으로부터 자아를 지켜야 했고, 그 구체적 자기방어自己防禦의 수단으로 제6구의 언술[서운하면 아니 올지 모른다]을 내놓는다. 화자로서 '죽어 떠나는' 임이 자신에게 서운한 마음을 가지고 떠나길 바랄 리 없음에도 그렇게 표현한 것은 다시 돌아올 길 없는 길을 떠나는 임에게 '돌아오지 못할 명분' 정도는 주어야 했기 때문이다. 그렇게 함으로써 이승에 살아남은 화자는 죽어 떠난 임에게 마음의 짐을 가질 이유가 없어질 것 아닌가. 노래의 화자는 관형어구 '죽어 이별한'을

'나를 싫어해서 떠난'으로 바꿔치기 하는 데 성공한 것이다.

제7구의 '서러운'은 주체가 누구냐에 따라 의미가 달라진다. 화자가 주체일 경우 사랑하는 임을 떠나보낼 수밖에 없는 죽음의 절대성 때문에 서러운 것이고, 떠나는 임이 주체일 경우 이승의 삶이나 사랑하는 사람과의 단절 때문에 서러운 것이다. 그런 모호성은 제8구['가시는 것처럼 돌아오라']에서 해결되고 양자의 거리는 사라진다. 그래서 제8구는 넋두리[환혼還魂]일 수도, 초혼招魂일 수도 있다. '이승의 미련을 훌훌 털고 떠나셨듯이 (나를 힘들게 하지 말고) 다시 돌아오라'는 당부. 전통 시대 초혼 의식儀式의 모티프가 바로 그것 아닌가.

<가시리>는 애당초 민간의 누군가가 애절하게 부른 '사별가'였다. 그 절제된 슬픔의 세련된 표현과 그로 인한 감동은 그 노래가 궁중으로 도입된 이유였다. 그 노래가 궁중음악 전문가들에 의해 개작된 다음 임금을 위한 무대에서 속악으로 가창되었다는 것은 처음의 노랫말과 지금의 노랫말 사이에 상당한 거리가 생겨날 수밖에 없었음을 암시한다.

<가시리>는 <공무도하가>의 넋두리에서 한 단계 더 의식화儀式化로 나아간 노래다. 당시 고려 궁중의 무대에서 속악으로 부르며 임금에게 송도頌禱하던 노래이기 때문이다. 사실 무대 위의 여악女樂들은 임금을 위해 최고의 사랑을 바쳐야 했다. 그때의 분위기가 극적인 사랑의 표현을 요구했다면, '죽음으로 패러프레이즈된 사랑'이나, 넋두리의 외피를 쓴 사랑의 표현 등 역설적 담론들 모두 가능했다. 그래서 <가시리>는 단순히 '살아 이별'의 노래가 아니라, '죽어 이별'의 노래,

더 구체적으로 '죽음을 원망하는 넋두리를 바탕으로 죽음을 극복해낸' 사랑 노래일 수 있다.

넋두리를 통해 남편의 죽음과 자신의 죽음을 동시에 애도하고, 그 넋두리가 노래로 변신하여 남아있는 <공무도하가>. '죽어 이별'의 상황이나 감정을 통해 '죽음을 극복한' 노래로 승화된 <가시리>. 이 둘은 각각 넋두리와 만가로서 얼마간의 거리를 보여주고 있긴 하지만, 하나로 뭉뚱그려 볼 수 있을 만큼 가까운 것도 사실이다.

시대의 변화가 몰고 온 필연적 결과이겠으나, 죽음의 현장에서 넋두리를 만날 수 없는 것은 무엇보다 서운한 일이다. 그런 슬픔이 내면화된 것 같지도 않은 지금, 값으로 따질 수 없는 보배를 잃은 상실감을 어떻게 치유할 수 있단 말인가.🍵

여러 곳에서 만난 프란치스코 성인

2014년 8월 14일부터 18일까지 4박5일 간 프란치스코 교황이 우리 나라를 방문한 적이 있다. 요한 바오로 2세 이후 25년 만의 방문으로 나라 전체가 떠들썩했었다. 바쁜 일정들을 소화하는 가운데 한국인들 에게 큰 감명을 준 사실 하나가 있었다. 국빈에게는 최고급 방탄 차량 이 제공되는데, 일정 내내 교황은 '방탄이 되지 않는' 기아자동차의 소 형차 1세대 쏘울(Soul)을 타고 다닌 것이다. 교황의 검소하고 소탈한 모습이 화제의 중심에 올랐고, 한국인들은 크게 감동되었다. 접대의 극진함을 보여주는 증표들 가운데 하나로 이동할 때 최고의 경호의전 을 중시하던 우리의 관념을 깨부순 일이었다. 일부 삐딱하게 보는 사 람들이나 매체가 없지 않았으나, 대부분의 한국인은 그 모습을 보며 교황이 지향하는 가치관과 정신을 존경하게 되었다.

그보다 8년 전인 2006년 1월 6일. 우리 부부는 유럽 자동차 여행 일 정의 마무리 지역인 이탈리아 '아씨시(Assisi)'에 도착했고, 거기서 원 조 프란치스코 성인을 만났다. 자동차를 타고 오르비에토에서 북쪽으 로 두 시간쯤 걸린 아씨시는 프란치스코 성인의 도시였다. 때마침 석 양 무렵이기 때문이었을까. 언덕 위의 작은 도시 전체가 주황색의 따 스한 온기를 발산하고 있었다.

부상富商 부모에게서 12세기 말경 태어난 프란치스코는 기사騎士의 꿈을 가졌고 1202년 콜레스트라다(Collestrada)의 전투에 참가하기도 했다. 포로로 잡혔다가 석방되어 아씨시로 돌아왔으나, 잠시 후 다시 전쟁에 참여하기 위해 아풀리아(Apulia)로 갔다. 여행 중 병에 걸렸던 그는 긴 묵상을 통해 '기적의 통찰'을 얻은 후 아씨시로 돌아왔고, 그로부터 세속적 삶의 방식을 청산한 뒤 자선사업에 몰두했다. 프란치스코는 좋은 옷을 버리고 은자의 도포와 부츠에 지팡이를 들고 다니기 시작했다. 청빈의 삶 속에서 하나님의 말씀을 전파하기로 마음먹은 것이었다. 1209년~1210년 사이에 프란치스코는 친구들과 함께 로마 교황 이노센트(Innocent) 3세를 찾아가 자신들의 종교적 삶의 방식을 승인받았고, 리보토르토(Rivotorto)와 산타 마리아 데글리 안젤리(Santa Maria degli Angeli)로 돌아가 자신들의 사명을 수행하기 시작했다.

1211년~1212년 사이에 클라라를 비롯한 프란치스코의 초기 추종자들은 성 다미아노 교회에 거처를 마련했고, 청빈의 삶을 바탕으로 하나님의 말씀을 전하는 공동체를 만들었다. 프란치스코 성인이 죽자 그를 따르던 사람들과 아씨시 시민들은 성 기오르기오 교회[현재 산타 클라라 교회의 사크라멘트 채플]의 묘지까지 행렬을 이루어 그의 시신을 운구했다. 아씨시의 메인 광장인 피아자 꼬무네(Piazza del Comune)를 가로지르는 거리의 양 끝에는 성 프란치스코 대성당과 성 클라라 성당이 자리 잡고 있었다. 클라라 성당 위쪽에는 주교좌 성당인 성 루피노 성당이, 꼬무네 광장 바로 아래쪽엔 치에사 누오바(Chiesa Nuova)가, 누오바 교회 바로 아래엔 성 안토니오 성당이, 광장엔 성 도나토 성당이, 프란치스코 대성당 아래쪽엔 성 베드로 성당이 각각 서 있었다.

2014년 2월 9일. 우리 부부는 미국 뉴멕시코 주의 산타페에서 프란치스코 성인을 또 만났다. 구시가지 언덕에 올라앉은 프란치스코 대성당이 산타페 시내를 굽어보고 있었다. 시내 어딜 가든 프란치스코 성인 상을 만날 수 있었다. 시청 앞 잔디밭에는 재미있는 상 하나가 서 있었다. 프레어리 독(Prairie dog) 한 마리가 자신을 굽어보고 타이르시는 성인에게 무언가 열심히 변명하는 모습이었다. 미국 서남부에서 흔한 동물 하나가 프레어리 독이다. 이 녀석은 '땅굴 파기' 천재로서 닥치는 대로 터널을 뚫었다. 그러니 농부들은 죽을 맛이었다. 땅 밑으로 이리저리 굴을 뚫고 자기들만의 세계를 구축하고 사는 녀석들. 우리가 보기엔 귀여웠지만, 만나 본 농부들은 고개를 절레절레 흔들었다. 원래 프란치스코 성인은 모든 동물의 벗이었다. 아씨시에서도 새들과 대화하는 성인 상을 만났고, 어느 곳의 성인 상에도 새나 동물들이 함께하는 모습을 볼 수 있었다. 아마 그 프레어리 독도 성인을 몹시 따랐던 모양. 성인은 그 녀석에게 절대로 농부들의 밭에 굴을 뚫지 말라고 타이르셨건만, 그 말을 어기고 굴을 파서 농부들에게 해를 입힌 것이리라. 성인의 꾸지람에 말도 안 되는 변명을 늘어놓고 있는 프레어리 독의 표정이 우습고 귀여웠다. 프란치스코 성인이 산타페의 '수호성인'임을 알고 나서야, 시내 도처에 성인의 모습을 깔아놓은 의도를 알 수 있었다.

그렇다. 프란치스코 성인은 가난하고 힘없는 서민들의 벗이었다. 교황도 프란치스코 성인의 신념을 따르고자 그의 이름을 빌었을 것이다. 지금 이 땅에는 '박해받는 자들'이 널려 있다. 가난하고 병들어 홀로

서지 못하는 사람들, 세상 편견의 덫에 걸려 능력을 발휘하지 못하는 젊은이들, 직장에서 왕따를 당하면서도 호소할 데 없는 사람들, 태어나지도 못한 채 버림받는 낙태아들, 태어나자마자 팽개쳐지는 미혼모의 아기들, 부모 잘 못 만나 어린 나이에 굶어 죽거나 맞아 죽는 아이들, 자식들에게 버림받는 노인들, 군대에서 짐승보다 못한 인간 말종들을 선임으로 만나 시달림을 받고 있거나 받다가 목숨을 잃는 청년들, 유사 이래 가장 극악한 전제군주의 폭압 아래 신음하는 북한 동포들, 이 땅의 일부 못난 남자들에게 시집와서 죽도록 고생하고 있는 동남아 신부들, 못된 사장 만나 월급도 못 받고 매만 맞는 이주 노동자들 (...).

지금 가난한 교황에게 물질적 도움을 요구하는 사람은 없다. 위로의 말 한마디가 절실할 뿐이다. 세상을 뒤덮을 사자후獅子吼 아닌, 따스하고 정감 넘치는 말 한마디면 족하다. '작은 씨앗이 창대한 열매를 맺듯' 사랑의 '말 건넴'이 '나비 효과'를 발휘하여 언젠간 세상을 바꿀 날이 올 것이다. 원래 프란치스코 성인은 가난했고, 그의 가난이 세상 사람들의 마음을 움직였다. 아무리 부자라 해도 세상 사람들의 가난을 해결할 수는 없다. 그러나 '진심 어린 사랑의 메시지'는 모래알처럼 많은 세상의 부자들을 움직여 가난한 사람들의 문제 해결에 나서게 할 수는 있다. '물질적으로 가난한 프란치스코 교황'이 '가난한 자의 따스한 음성'으로 가난한 자들의 마음을 밝혀 줄 때, 그 빛의 일부는 부자들에게도 전달되리라. 지금 필요한 가톨릭의 진정한 힘은 바로 여기에 있다.🍰

바람피는 여인의 변명

매스컴의 존재가 아예 없었던 내 어릴 적. 동네들을 뛰어넘는 괴소문들이 가끔 돌곤 했다. 옮기는 자와 듣는 자 모두 쉬쉬하면서도 가장 흥미롭게 여겨지던 소문은 '남녀 사통私通'에 관한 것들. 사통이란 '정당한 혼인 관계 아닌 남녀 사이의 내밀한 성관계'를 일컫는 말인데, 간통 혹은 불륜이 바로 그것이었다. 누군가에게 그런 이야기를 할 때 사람들은 대개 '쉬쉬!' 한다. '쉬쉬'란 대화의 상대방에게 발설하지 말라는 경고성 의성어 '쉿!'에서 변형된 말이다. 다른 사람들이 비밀을 알면 안 된다는 경고의 말이 바로 '쉬쉬'인 것이다. 예나 지금이나 남녀관계는 부끄럽고 말하기 어려우면서도 모두에게 절실하고 흥미로운 문제였다. 쉬쉬하면서도 한 번 나돌기 시작하면 삽시간에 번지는 것이 불륜의 소문이다. 지금도 '황색 저널'들에 빈번하게 등장하는 것이 유명인들의 불륜 사건들이고 보면, 보도되지 않는 장삼이사들의 불륜 사건들은 부지기수일 것이다.

조선시대 걸출한 가객 김천택의 『진본 청구영언』에 실린 「만횡청류」 116수의 노래들 가운데 <불륜가> 혹은 <간부가姦婦歌>라 명명함 직한 이 노래는 내가 보기에 최고의 절창이다. 어린 시절 떠돌던 소문들의 구조가 그대로 담긴 노래이기 때문이다.

일러나 보자 일러나 보자

내 아니 이르리 네 남편한테.

거짓으로 물 긷는 척

물통은 내려 우물전에 놓고

또아리는 벗어 통조지에 걸고

건넌 집 작은 김 서방을 불러내

두 손목 마주 덥석 쥐고

수군수군 말하다가

삼밭으로 들어가서 무슨 일 하는지

잔삼은 쓰러지고 굵은 삼대 끝만 남아

우줄우줄 하더라고

내 꼭 이를 거야, 네 남편한테.

저 아이, 입이 부드러워

거짓말 말아라.

우리는 마을 지어미라

실삼 조금 캤더니라.

　간통 현장의 목격자와 간부 사이의 적나라한 대화. 전반부인 '일러 나 보자 일러나 보자~내 꼭 이를 거야, 네 남편한테'가 목격자의 말, 후반부인 '저 아이, 입이 부드러워~실삼 조금 캤더니라'가 간부의 변 명이다. 당연히 목격자의 말 속에 간통의 실상이 들어 있다. 그 상황은 시간 따라 세 장면으로 이루어진다. '물 길으러 온 척 우물에 나와 내 려놓은 물통에 또아리를 벗어 거는 행위→건넌 집 작은 김 서방을 불 러내 수군수군 대화를 나누는 행위→함께 삼밭으로 들어가 벌이는 행위’ 등이 그것들로서, 전통사회에서 존재했음 직한 전형적 간음 서사 아닌가. ‘잔삼은 쓰러지고 굵은 삼대 끝만 남아/우줄우줄 하더라고’는 ‘삼밭 속의 성행위’를 거칠게 고발한 노래임에도 표현만은 절묘하다. 두 사람의 밀회 현장을 목격한 아이와 간부 사이의 긴장 넘치는 대화를 통해 ‘간음 고발’의 의도를 강하게 드러낸 것이 이 노래인데, 대부분의 표현이 남녀의 만남과 성행위를 직·간접적으로 보여준다. 간부의 변명이 아이의 협박에 대한 합리적 변명은 결코 될 수 없다. 그저 전편에 넘치는 긴장감을 뒷받침하는 ‘작은 언술’일 뿐.

간음이 이루어지던 당시의 상황은 어땠을까. 노래의 무대는 동네 우물가 삼밭이다. 간부가 간통의 상대인 ‘건넌 집 작은 김 서방’을 불러내 삼밭으로 들어갔고, 삼밭 속에서 무슨 일이 벌어지고 있는지 ‘잔삼은 쓰러지고 굵은 삼대 끝만 남아 우줄우줄 하더라’고 했다. 이 표현이야말로 동네 아낙이 젊은 남자를 만나 삼밭에서 사랑을 나누는 상황의 간접적 표현임은 물론이다. ‘잔 삼은 쓰러지고 굵은 삼대 끝만 남아 우줄우줄 하더라’에서는 간접적 사물의 묘사로 간통 사실을 그려내 사람들의 상상을 불러일으키는 데 성공한 고발자의 센스가 돋보인다. 지금 사람들인들 이토록 절묘하게 묘사할 수 있을까.

그 옛날 보리밭이나 ‘동네 우물가 삼밭’은 남녀 밀회의 장소로 요긴했다. 오늘날 가난한 여행자들이 저렴하게 이용하는 숙소로서의 모텔이 밀회의 장소로 악용되는 것과 마찬가지 아닌가. 그 공간의 ‘쓰러지는 잔 삼과 끝만 남아 우쭐거리는 굵은 삼’은 두 사람의 행위를 상징적으로 보여주는 보조도구들이다. 이거야말로 ‘다리가 넷인데, 둘은 내 것이나 다른 둘은 누구 것인가'라는 처용의 물음과 상통하는 고발성 언술言述일 수도 있으리라.

이 추문이 간부 남편에게 들어간다면 사생결단의 일이 벌어질 것은 자명하다. 그래서 간부는 협박하는 목격자에게 '자신은 마을 지어미로 서 가는 삼을 조금 캤을 뿐'이라고 변명하지만, 변명치고는 매우 엉성하지 않은가. 고려 노래 <쌍화점>의 한 부분["두레 우물에 물을 길러 갔더니/우물의 용이 내 손목을 잡으시네요/이 말이 이 우물밖에 나고 들면/조그마한 두레박아 네 말이라 하리라"]의 궁색함과 어쩜 그리도 유사한가.

사실 『청구영언』을 편찬한 김천택도 이런 민간의 노래들을 실어 놓는 데 겁을 먹고 있었던 것은 사실인 듯. 김천택은 「만횡청류 서」에서 "만횡청류는 노랫말이 음탕하고 뜻과 취향이 보잘것없어 족히 본받음 직하지 않으나 그 유래가 이미 오래되어 한꺼번에 폐기할 수 없기에 아래에 들어 둔다"고 한 발 뺀 것이나 아닐까. 이 말만으로도 <간부 가>의 뼈대를 이루는 '간통 서사'가 얼마나 광범위하고도 길게 민간에서 전승되었는지 알 수 있다.

남성 우위의 사회 구조 속에서 조혼의 풍습은 인간의 본능을 억압할 수밖에 없었고, 그런 삶은 여성들의 내면에 한恨을 맺히게 했으며, 그런 한을 풀지 못하면 현세의 삶이 괴로울 뿐 아니라 죽어서도 편치 못하다는 믿음을 갖고 있었으리라. 그에 더하여 답답한 유교 이데올로 기의 '열 윤리烈倫理', 그 이면에서 많은 여성들은 본능과의 치열한 갈등을 벌여 왔으리라. 딱한 변명에 군이 딴죽을 걸어 그녀를 궁지로 몰아넣은 거나 아닌지, 걱정되는 것도 사실이다.🍵

'책 마을'과 '책공방'

책이 없어 곤궁하던 어린 시절부터 책이 넘쳐나는 지금까지 책과 뗄 수 없는 것이 내 삶이다. 남의 책들을 사 읽고 모으며, 가끔은 책을 펴내는 게 내 일 중의 큰 부분이기 때문이다. 내가 막 학계로 진출하던 1980년대부터 최근까지 40여 년 동안 우리 사회엔 책이 넘쳐나게 되었다. 지식인들의 수와 지식정보의 양이 폭발적으로 늘어나면서, 지식정보의 유통과 저장을 위해 책의 효용가치는 절대적이었다. 책 하나 펴내지 못하면 행세하지 못하던 시절도 있었다. 그러나 세월은 마구 변하여 모든 지식정보는 디지털의 공간으로 이동함으로써 이제 크고 무거운 책이 거추장스러운 시대가 되었다. 어린아이부터 할아버지까지 하루 24시간을 구부정하게 스마트폰만 들여다보는 시절. 종이 위의 깨알 활자들이 어찌 이들에게 매력적일 수가 있겠는가.

누구의 한탄대로, 한국의 대학가에서 서점이 사라졌다. 책이 빠져나간 공간을 옷 가게, 음식점, 술집, 커피집 등이 파고들었다. 가끔 커피집 창문으로 책을 읽거나 컴퓨터 작업하는 사람들이 보이긴 하나, 손가락으로 헤아릴 정도. 대다수는 잡담을 나누거나 스마트폰에 빠져 있다. 대학에서 책이 썰물처럼 빠져나가자, 지성의 샘도 말라버린 것이다.

대학의 권력도 대부분 힘 있는 이공계가 잡고 있다. 총장도 보직교수들도 심지어 도서관장도 책이 무언지 잘 모르는 시대가 되었으니, 어린 학생들 탓만 할 수는 없다. 도서관의 장서를 전자책으로 대체할 수 있다고 믿는 사람들이 권력을 잡은 지금. 값나가는 '늙은' 인문 서적들이 도서관에서 차떼기로 버려지는 것이 하나도 이상하지 않은 시대다. 이렇게 반학문적, 반지성적 만행들이 수시로 나타나는 현장이 대학이다. 그래서 '종이책만 진정한 책'임을 믿으며 대학인으로 살아가기가 참으로 부끄럽다. 책을 알고 사랑하는 사람들, 종이책을 찾는 사람들이 바야흐로 멸종을 눈앞에 둔 천연기념물이 된 것이다.

이런 시대에 삼례의 아주 오래된 비료창고를 문화공간으로 변모시키고 각박한 삶에 지성의 문채文采를 입힌, 박대헌 선생의 지혜는 참으로 소중하다. 2016년 8월 29일은 이 땅에 타오를지도 모를 '대한민국판 르네상스'가 바로 이 고장에서 점화된 날이다. 책을 잃어버려 마음도 희망도 잃어버린 대한민국에 갈 길을 제시한 등대로 우뚝 선 날이다. 이날 몇몇 지인들과 책 마을 개관식에 참석했다. 시가지에 들어서자 "삼례는 책이다!"라는 현수막이 수줍은 듯 조그맣게 매달려 있었다. 삼례성당 좌측 창고에는 '책 박물관'이, 박물관 건너편에는 목공학교가 가동 중이었다. 이 부분이 책 마을의 중심이었다. 박물관은 아동도서와 교과서, 만화 등 2~3개 주제의 상설 전시와 매년 1~2회의 기획전이 열리게 되는 공간이었다. 박물관 건너편의 '김상림 목공소'도 책마을의 전통성을 보태주는 좋은 공간이었다. 전통 목공의 도구들을 살펴볼 수 있고, 목수들의 작업을 보고 배울 수 있는 곳. 그곳 역시 멋진 공간이었다.

박물관에서 나와 삼례역 방향으로 걸어가니 북하우스, 한국학 아카이브, 북갤러리 등 세 동의 건물이 눈앞에 나타났다. 북하우스는 고서점과 헌책방, 북카페로 구성되었고, 한국학 아카이브에는 각종 연구자료가 비치되어 있었으며, 북갤러리에는 전시실과 강연실이 마련되어 있었다. 북하우스로 들어가니 '고서점 호산방'이란 이름 아래 한국학 관련 고서·신문·잡지·사진·음반자료, 중국·일본·서양 관련 고서 등이 비치되어 있고, '책마을 헌책방'의 1층에는 아동도서와 향토문화 관련 도서 등이, 2층에는 인문 도서들이 비치되어, 총 10만 권의 '빛나는 책들'이 손님들을 기다리고 있었다. 헌책방의 1층 한쪽에 독서와 휴식을 즐길 수 있는 카페도 마련되어 있었다.

최근 공주에도 새로운 명물 '책공방 북아트센터'가 생겼다. 삼례 책박물관의 한 부분 '책공방'이 최근 공주로 올라와 '공주 책공방 북아트센터'[대표 김진섭]라는 명패를 달고 재개관한 것이다. 이곳의 주제는 '책의 물성物性'이다. 한 권의 책이 탄생하기까지 전 과정에 잠재되어 있던 물성들을 드러내어 손에 잡힐 듯 보여주는 것. 그것이 이 공간의 컨셉이었다. 책의 제작 과정과 기술을 시대별로 조감할 수 있도록 각종 인쇄기와 부품들이 단계별로 다양하게 분류·전시되고 있었다. 우리가 다 안다고 착각해 온 책의 모든 것들이 스스로를 드러내는 공간이 드디어 공주에 출현한 것이다.

공주를 외지인들에게 소개하며 '역사문화특별시'라고 언급할 때마다 무언가 한 군데 비어 있는 느낌을 지울 수 없었던 것이 내 솔직한 마음이었다. 이번 '책공방'의 출현으로 그런 서운함은 얼마간 사라지게 되었다. 공주를 명실상부한 '역사문화특별시'로 만드는 데 이 '책공방'의 출범은 '화룡점정畫龍點睛'의 한 수로 작용할 것이다.

  "책은 위대한 천재가 인류에게 남겨 준 유산이다. 그것은 대물림하여 아직 태어나지 않은 자손들에게 주는 선물로서 한 세대에서 다른 세대로 전달된다." 책에 관한 에디슨의 명언이다. 이제 위대한 천재들이 만든 책들이 이곳으로 속속 모일 것이다. 그리고 그것들은 대물림되어 다음 세대, 또 그다음 세대로 이어지리라. '망아지가 태어나면 섬으로 보내고, 사람은 서울로 보내라'는 속담이 있듯 조만간 '책도 사람도 공주와 삼례로 보내라'는 새로운 속담이 나올 날이 머지않았다. 두 도시는 책의 메카로 변신할 것이며, 대한민국 정신사의 핵심적 지위를 차지하는 데도 그리 오랜 시간이 걸리지 않을 것이다. 이제 현명한 부모라면, 아이들 손을 잡고 삼례 책 마을과 공주 책공방에 가서 잠시라도 느긋하게 시간을 보내볼 일이다. 책의 의미와 책의 일생을 보여주면서 말이다. ☕

의무감과 감동의 거리

6년 전의 일. 새해 벽두부터 '말모이'라는 말이 들려오기 시작했다. 소리 소문도 없이 '말모이'라는 영화가 등장하여 사람들의 시선을 모으고 있다는 것이었다. '말모이'라? '국어사전'이란 뜻인데? 한일합방 전후 주시경 선생을 중심으로 우리말 사전의 필요성을 절감한 인사들이 쓰기 시작한 말인데?

그렇다. 『조선말 큰 사전』 편찬까지의 우여곡절을 사건의 축으로 조선어학회 회원들이 겪은 수난[조선어학회 사건]을 그려낸 영화였다. 사실 처음엔 볼 것인가 말 것인가 고민했다. 수없이 읽고 들어 익히 안다고 자부하던 사건이었다. 2019년 들어오며 겹치기로 찾아온 우울증에서 헤어나지 못하는 상황이기도 했다. 비참한 역사를 반추하며 우울증을 심화시킬 이유는 더더욱 없었던 것. 모른 척 피하는 게 상책이었다. 그런 나를 움직인 것은 중국 조선족 대학원생의 말이었다.

"교수님, <말모이>란 영화 보셨어요? 최근에 본 영화 중 최고였어요. 할아버지 나라의 말과 글을 지키기 위해 그런 고통이 있었다는 사실을 첨 알았어요. 감동이었어요. 꼭 보세요!"

갑자기 얼굴이 화끈거렸다. 그래, 중국에서 온 너도 그런 말을 하는

데, 명색이 한국문학을 가르치고 연구한다는 내가 너만도 못한 생각을 하고 있었구나! 가난한 시골에서 자라나 사범대학 국어교육과를 지원할 때만 해도 '젊은이들에게 우리 말과 글을 가르쳐 훌륭한 한국인들로 만들겠다'는 것이 내 꿈이었다. 애국의 순정으로 충만해 있었던 것. 그러나 세월의 격랑 속에 가슴 속의 정열은 모두 식어버려, 그냥 '국어국문학 선생으로' 습관화된 삶을 지탱해 오고 있었구나!

'따분한 역사 이야기와 상투적인 메시지의 나열'에 불과할 것이라는 내 예상은 영화 시작부터 어긋나기 시작했다. 일자무식 소매치기 김판수[유해진]와 조선어학회 핵심 요원 류정환[윤계상]의 조우, 판수의 조선어학회 합류, 자녀들[덕진과 순희]을 통한 판수 가족의 생활고, 경성제일중 이사장 류완택[송영창]과 아들 류정환의 갈등, 치밀하고 집요한 일본 경찰과 그들을 통해 고발하는 일제의 야욕 및 만행, 막바지에 무산되는 공청회와 말모이의 원고를 두고 일본 경찰과 벌이는 추격전, 김판수의 장렬한 죽음, 해방 후 천행으로 되찾은 원고, 그 원고로 만들어진 『조선말 큰 사전』(...). 그와 함께 사건들의 치밀한 배치와 주도면밀한 서사 전략이 돋보이는 영화예술의 고품격을 맛보게 된 건 망외望外의 소득이었다.

팩트(fact)와 픽션(fiction)의 비율이나 배합이 시나리오 작가나 감독에겐 중요했겠지만, 이 영화의 경우 그게 전부는 아니었다. '말과 글이 민족의 정신이자 생명이라는 것'을 보여주는 축, '어느 순간에는 평범한 사람들이 대의大義에 동참하여 큰일을 이룰 수 있다는 것'을 보여주는 또 하나의 축, '일본이 우리를 정신까지 집어먹기 위해 얼마나 잔혹하게 굴었는가'를 보여주는 제3의 축이 동아줄 꼬이듯 엮여 나간 것이 이 영화의 서사였다. 사실 '한 사람의 열 발짝보다 열 사람의 한 발짝이 더 큰 것이고 그것들이 모여 비로소 조선의 독립을 이룬다'는 말이 감동적이긴 하나 예술성을 흠집 낼 상투적 요소로 저평가될 수도 있지 않겠는가. 그럼에도 관객들이 그 말을 들으며 전율했다면, 이 영화의 흠을 더 이상 찾기는 어려울 것이다.

또 하나. 영화가 상영되던 시기는 일본이 동해상에서 초계기 시위를 벌이고 있던 당시였다. 절묘한 타이밍이었다. 물론 일본인들이 이 영화를 볼 이유도 없고, 본다 한들 자신들의 '야만적 잔인성'을 인정할 리도 없었겠지만 말이다. 제국주의 시대 식민지를 개척하면서 식민지의 문자와 글을 뿌리 뽑고 그 자리에 자신들의 것을 강압적으로 심으려는 시도를 인류사 어디서 찾을 수 있단 말인가. 알퐁스 도데의 단편 소설 「마지막 수업(La Dernière Classe)」에서나 약간 찾아볼 수 있을까. 세계 역사상 일상생활에서까지 자신들의 말과 글을 쓰지 못하게 한 만행의 주체로 일본 같은 경우는 일찍이 없었다.

시간과 상황 속에 던져진 존재로서의 인간임을 깨달았기 때문일까. 영화가 돌아가는 내내 눈물이 흘렀다. 영화 속의 저들은 대체 왜 '말도 안 되는' 탄압을 받으며 살아가야 하는 운명을 타고났단 말인가. 의무감으로 다가갔으나 잠시 잊고 있던 역사적 진실이 가슴 속에 감동으로 되살아났다. 예술적 팩션(faction)으로 감동을 선사해 준 감독과 배우들에게 깊은 경의를 표했다.

내부자들의 파티

TV를 안 보고 지낸 지 꽤 오래다. 켤 때마다 화면 가득 폭력배 비슷한 일부 정치인들의 말싸움과 멱살잡이를 보는 것은 고문 이상의 고통이다. 납득할 수 없는 억지로 나라의 법질서를 스스로 허물고 있는 인물들. 일부 정치권·법조계·언론계·학계·재계 등은 하나의 카르텔로 엮여 돌아가고, 국민이 개·돼지로 전락한 현실에서 나라를 통째로 흔드는 카르텔은 현란하게 요동친다. 이들은 과연 어떤 누구(들)이며, 그들을 조종하는 자는 누구(들)인가.

언젠가 개연성蓋然性의 면에서 오늘날의 현실과 소름 끼치도록 부합하는 영화 <내부자들>을 본 적이 있다. 비록 답답한 아파트 거실에 서이지만, 모처럼 엔딩 타이틀이 뜰 때까지 졸지 않았다. 배우들의 미친 연기, 충격적인 장면들이 내내 나를 긴장하게 했다. 아, 언제부터 우리가 이런 배우들을 갖고 있었던가? 도끼로 찍히고 톱에 썰려 나뒹구는 손목, 뛰는 피, 빙빙 돌려 뽑은 의수義手로 상대의 눈앞에 종주먹을 들이대는 안상구[이병헌 분] 눈동자의 살기, 뜨거운 피를 얼려버리는 저음의 협박, 갈가리 찢기는 영혼(...). 상대편 심장에서 약동하는 생명의 에너지를 느글느글 뽑아가는 논설 주간 이강희[백윤식 분]는 아예 '사이킥 뱀파이어(Psychic Vampire)'였다!

그러나 스토리는 뻔했다. 재벌·정치인·법조인·언론인·정치깡패

등등, 참으로 휘황찬란하지만 식상한 스타일의 내부자들이었다. 은밀하게 나라를 휘어잡고 있는 그들. 그들만의 리그에서 벌이는 배신과 복수극이 '기똥차게' 리얼해서 오히려 미학적이었다. 사실 미학이 평면적인 아름다움의 원리만은 아니다. 아름다움을 뒤틀면 추함이 된다. '추한 아름다움' 즉 '추미醜美'가 엄연한 미적 범주의 하나로 정착된 건 꽤 오래 전의 일이다.

부와 권력으로 옹골차게 짜인 최상층부 리그의 행태가 나는 늘 궁금했다. 세계는 세계 나름대로, 나라는 나라 나름대로, 대학은 대학 나름대로 내부자들의 카르텔이 움직여 나가는 건 아닐까? 궁금증은 상상의 원동력. 상상력은 그럴듯한 가설을 만들어낸다. 그들이 늘 그러리란 가설을 내가 만들어 갖고 있는 것도 바로 그런 이유에서다. 법과 정의는 교과서에나 나오는 것이고, 세상을 돌리는 힘은 으레 내부자들의 스크럼에서 나오는 법. 제법 멋진 가설을 만들 수 있었던 건 연구실에 처박혀 읽히지 않는 논문이나 '줄창' 써온 내겐 '식은 죽 먹기'라고나 할까.

그럴듯한 글줄로 장삼이사들의 여론을 움직이고 뒷거래의 판을 짜는 논설 주간, 뒷거래의 주역인 유력 대통령 후보와 재벌 회장. 이들이 만든 리그에 참여하려 애쓰다 버려지는 정치깡패와 '족보 없는' 검사의 복수극. 이 영화를 보고 나서야 내 가설이 그럴듯했음을 알았다. 물론 내가 논설 주간이나 유력 대통령 후보, 혹은 재벌 회장 중의 하나가 되거나, 하다못해 족보 없는 검사 우장훈 아니면 정치깡패 안상구라도 되어야 내 논문의 그 가설은 완벽한 결론으로 마무리될 수 있을 텐데. 멋진 원작, 멋진 각색, 멋진 캐스팅, 멋진 연기(...). 이제 바야흐로 '더러운 세상 비판'도 예술의 반열에 오를 수 있게 된 것이다!

주고받는 비자금을 매개로 권력을 설계하며 검은 거래의 현장에 모인 그들은 늘 애국과 정의를 농하곤 했다. 죽이거나 병신을 만들어버리는 복수극 또한 '또 다른 정의'를 그들 식으로 패러프레이즈한 데 지나지 않았다. 검은 거래에 복수가 따르는 것은 희랍 시대 이래 연극의 정석 아닌가. 그러니 그런 것들쯤이야 내 논문 속에서는 스테레오타입(stereo type)에 불과할 뿐이다. 그보다 내 눈을 비비게 한 건 그들의 파티 현장이었다. 술상 뒤편으로 발가벗고 늘어선 팔등신 미녀들. 마찬가지로 벌거벗은 채 그녀들을 골라 앉힌 뒤 곧추세운 '거시기'로 폭탄주를 제조하며 미쳐가는 그들. 아, 그로부터 두어 해 전 법무부 고위 관리 아무개로 인해 세상에 까발려진 '성 접대'의 현장이 바로 그거였다! 벌거벗은 그들 사이사이에 발가벗은 여인들을 하나씩 끼워 앉히고 술을 마시며 고담준론(?)을 토해내는 그들의 모습을 보며 문득 옛날 책에 나오는 '좌우보처左右補處'[i] 를 떠올렸으니, 나도 참 못 말릴 '거시기'임에 틀림없으리라.

술에 취한 뒤 무슨 난장판이 벌어졌을지는 독자 여러분이 상상하실 일이다. 묘하게도 그 '좌우보처'의 광경이 영화 속 파티와 오버랩되었으니, '내부자들의 파티'야말로 예나 지금이나 변함없는 '그들만의 일상' 아닐까. ☕

ⅰ) 성종 때 성현成俔의 『용재총화慵齋叢話』에 나오는 일화. 새로 과거에 급제하
여 삼관三館에 들어가는 자가 고참 관리들을 위해 열곤 했던 신고식인 '허참면
신지례許參免新之禮'. 그 예문관藝文館 파티의 말미에 '선생들'을 맞아 연석을
갖는데, 상관장上官長이 곡좌曲坐하고 봉교奉敎 이하 모든 관리들은 각각 기
생 하나씩 끼고 앉는데, 그걸 '좌우보처'라 한다고 했음.

'국가부도'의 아수라장을 회상하며

IMF 치하 당시엔 날만 새면 굴지의 기업들이 쓰러졌다는 소식과 일가족 자살 같은 끔찍한 뉴스들이 귓전을 때렸었다. 이미 재계 14위 한보는 무너졌고, 진로도 재계 4위인 기아도 무너졌으며, 2위인 대우도 막 무너져 가고 있었다. 그러니 이들보다 규모가 작은 무수한 기업들은 물어 무엇하랴! 가장의 실직으로 헤아릴 수 없는 가족들이 한파에 내몰리는 등 나라 전체가 상갓집 분위기였다. 자살률도 OECD 국가 중 최고로 치솟았다. 곳곳에 곡성이 울렸고, 어른이고 아이들이고 자기 한 몸 추스르기에도 버거운 시련의 시절이 계속되었다. 대통령을 비롯한 권력층의 리더십은 간데없었고, 그 많던 사회의 지도 그룹들도 종적을 감추었다. 불쌍한 국민만 각자도생의 벌판으로 내몰리고 있었다.

나는, 아니 우리 가족은 1998년 1월 미국[UCLA]으로 생애 첫 연구년을 떠나기로 되어 있었다. 떠나기로 되어 있었으나, 1997년 12월까지 확실한 것은 4인 가족 비행기 표를 끊은 일뿐이었다. 가족들에게 차마 말은 못 했지만, '떠나야 하나 말아야 하나'로 혼자서 속을 끓이고 있었다. 고맙게도 1997년 2월 'LG연암재단 해외연구교수' 프로그램에 선발되었고, 1년 가까이 이듬해의 출국을 위해 착착 준비를 진행하던 참이었다. 당시 연암재단 지원금 25,000불은 큰돈이었다. 4인 왕복 비행기 표와 건강보험료까지 계산하면 3만 불이 훌쩍 넘는 거금이었다. 원래 계획대로라면 10월 중 연암재단으로부터 선금 12,500불에 해당하는 원화가 입금되어야 했다. 매일 아침 뉴스에서는 환율 고시가 나왔다. 연초 800원대 환율이 1,500원을 넘어서면서 나는 초조해지기 시작했다. 하는 수 없이 재단의 관계자에게 전화를 걸었다. 그의 음성역시 가라앉아 있었다. 조금만 더 기다려 달라고 했다. 환율을 보고있는데, 환율이 조금이라도 안정되면 송금하겠노라고 했다. 독촉할 배짱이 없었다. LG는 무너질 수 없는 회사라고 믿어왔지만, 대우가 흔들리는 마당에 안심할 수는 없었다. 11월이 되면서 1,600~1,700원을 오르내리던 환율은 12월이 되자 1,800원대를 찍기 시작했다. 아, 나라가 드디어 망하는구나! 12월 3일 깡드쉬 IMF 총재와 임창렬 총리 사이에 구제금융 협상이 타결되면서, 대한민국은 IMF 치하로 들어갔고, 환율도 1,830~1,850원대를 오르내렸다. 더 이상 미룰 수 없다고 생각한 재단에서 1,830원대에 12,500불에 해당하는 원화를 송금해 왔다. 어려운시기에 나라를 떠나기가 송구하고 찜찜했지만, 약속되어 있던 미국으로 떠나야 했다.

인천공항에 나갔으나, 개미들처럼 커다란 이민 팩 서너 개를 밀고일가족이 나타난 건 우리뿐이었다. LAX에 픽업 나온 배광복 선생 부부는 우리가 미국행을 포기한 줄 알았다고 했다. 당시 미국의 대학으로 오는 가족 단위 한국인들의 발길이 뚝 끊어졌기 때문이었다. 만약 LG 연암재단의 배려가 없었다면, 우리도 당연히 미국행을 포기했을 것이다. 그래서 미국 체류 13개월 동안 늘 바늘방석에 앉은 느낌이었다. 인터넷으로 전해지는 고국의 소식들은 언제나 끔찍했다. 국제사회의 냉엄한 현실을 모르고 방만하게 지내온 우리 모두의 탓이라는 반성도 있었지만, 순진한 장삼이사들이야 무슨 수로 세상의 변화를 알아 미리 대처하겠는가.

IMF 통치를 받기 시작한 1998년으로부터 만 27년이 지나고 있다. 나는 왜 우리에게 트라우마로 남아있는 치욕적인 IMF 통치를 언급하는가. 지금도 안심할 만한 상황은 아니기 때문이다. 그때와 큰 차이 없는 상황으로 내닫고 있다는 어떤 인사의 우려를 듣고 보니 더욱 그렇다. '우리 경제의 펀더멘털(fundamental)은 튼튼하다'던 당시 정부 관계자들의 호언. 지금은 그와 비슷한 멘트조차 없지 않은가. 소상공인들이 퍽퍽 나가떨어지고, 젊은이들이 일자리를 못 잡으며, 대기업들이 투자를 꺼리는 지금의 상황이 어째서 걱정 없는 상태란 말인가. 상황에 무지할 뿐 아니라 턱없이 낙관적인 정치인들의 인기 놀음에 멍드는 건 서민들뿐이니, 과연 저들을 언제까지 믿을 수 있을까.

7년쯤 전인가, 영화 '국가부도의 날'을 보기 위해 극장을 찾았었다. 내 가슴의 트라우마를 지우고 싶어서였다. 집단적 트라우마를 왜 나만 작은 가슴에 담고 살아야 하는지 답답할 때가 많았다. 늘 팽팽한 긴장 속에 살아야 하는 운명을 타고나서 그런지도 모르지만, 이젠 좀 털어버리고 홀가분하게 살고 싶다. 유사한 상황이 닥친다면, 당당하고 똑똑하게 사태의 진실을 직시하며 용감하게 대처해 나갈 수 있었으면 좋겠다. 영화 속의 김혜수처럼...

어쨌든 이 영화, 참 좋았다.🍵

민족 통일은 백두산에서?

　몇 년 전 연말 마지막 일요일. 인기리에 상영되고 있던 영화를 보기 위해 극장을 찾았다. 영화예술인들의 상상력을 통해 오래전부터 갖고 있던 내 우려의 무게를 확인하고 싶어서였다. 그 영화 '백두산'[감독 이해준]의 계속되던 인기는 어쩌면 나처럼 한국인들 모두가 갖고 있었을지도 모르는 집단적 불안의 표출 양상으로 이해해야 할 것이고, 그 불안은 2025년인 지금도 지속되고 있다.

　지금까지 나는 세 번 현실의 백두산을 찾았다. 모두 중국을 통해서였다. 두 번은 옌볜대학에서의 학술회의에 참여했을 때, 한 번은 내 재직 학교의 공식적인 답사 일정으로 옌볜과기대학을 방문했을 때였다. 갈 때마다 날씨가 좋아 백두산의 산세와 천지의 물빛을 생생하게 느낄 수 있었다. 그러나 실제로 나를 소름 끼치게 한 것은 백두산 어귀에서 만난 뜨거운 물과 흙 속의 '이글거리는 불'이었다.

　흡사 장작불에 얇은 흙으로 만든 겉옷을 입혀 놓아 당장이라도 터져 나오려는 듯, 그 불은 살아 있었다. 내 인문학적 상상력의 측면에서는 그 불덩이가 이글거리는 눈초리로 나를 째려보고 있었다고 말하는 것이 정확하리라. 기분 나쁘게 굴면 표토表土를 부수고 뛰쳐나가겠다는 무시무시한 협박이었다. 백두산을 대충 훑어보고 돌아서는데, 오금이 마구 저렸다. 그 사정권에서 빨리 벗어나고 싶다는 불안감이 내면을 어지럽혔다.

첫 번째 방문에서 갖게 된 불안감은 두 번, 세 번을 거치면서 증폭되었다. 그로부터 몇 년이 지나면서 언론매체들은 '백두산 화산 활동 가능성'의 문제들을 거론하기 시작하였다. 전공 학자들의 연구가 소개되고, 그들이 직접 매체에 나와 설명하기도 했다. 세계 각처에서 화산 활동 재개의 소식이 보도될 때마다 백두산 화산 관련 내용이 언급되는 것은 물론이었다. 백두산이 불을 내뿜으면 중국의 동북 삼성 지역과 핵을 갖고 미쳐 날뛰는 북한은 망할 것이고, 남한도 피해가 막심하리라는 것이 공통된 내용이었다.

포스터에 암시된 것처럼 결국 '백두산'의 중심 서사는 핵무기를 매개로 '남한-북한-미국'이 삼각 축으로 연결된 그것이었다. 여기에 문제 해결사로 사지死地에 파견되는 남쪽의 조인창[하정우 분]과 수용소에 갇혀 있던 북측의 이중 첩자 리준평[이병헌 분]이 벌이는 극단적 갈등과 화해, 7번 갱도에 핵을 터뜨려 마그마를 분출시킴으로써 마지막 대폭발을 막아야 한다고 주장하여 사건의 단초를 마련한 강봉래[마동석 분]의 열연 등이 그 서사의 줄기를 이루고 있었으며, 조인창과 그의 임신한 부인 사이에 일어나는 이별과 만남, 헤어지고 나서 어렵사리 만난 어린 딸을 조인창에게 부탁한 뒤 장렬하게 폭사하는 리준평 등 휴먼 드라마의 양념들이 싱싱한 배춧잎에 고춧가루 뿌려 버무린 상태인 듯 풋풋한 겉절이의 풍미를 발하고 있었다.

영화를 잘 아는 동료 교수 한 사람은 '몇몇 배우들의 명품 연기를 빼면 영화의 서사 자체가 졸렬하기 짝이 없는 수준'이라고 혹평했지만, 나로서는 그렇게만 볼 수 없었다. 백두산이 폭발함으로써 북한이 초토화되었다는 점은 무엇을 상징하는가. 백두산으로 상징되는 북한 수뇌부의 존립 근거[이른바 '백두혈통']가 저절로 파괴되는 역사의 순리를 이 영화는 암시하고 있으며, '남한에 대한 최후의 공격수단이자 방어 수단으로 생각해 오던 핵폭탄을 남한의 군인이 탈취하고 북한의 군인이 비장하게 죽어가며 폭파함으로써 한반도를 구한다'는 설정이야말로 한반도의 미래에 대한 영화적 상상력의 압권 아닌가. 전문가들이 볼 때 군데군데 어설픈 점들이 없지 않겠지만, 이 정도면 백두산의 폭발 가능성에 대한 국민의 불안을 잘 대변했다 할 수 있었다. 무엇보다 백두산 폭발과 함께 꺾이어 나뒹구는 김 씨 부자의 동상이 암시하는 통일한국의 비전을 슬쩍 보여줌으로써 한국인 모두에게 카타르시스를 선물한 점도 간과할 수 없으리라.

영화가 단순한 '오락예술'일 수 없음은 그것이 인간 행위의 현실적 표본 역할을 수행할 수도 있기 때문이다. 그런 점에서 우리는 영화 '백두산'을 곰곰 되씹어 보며 작품 속에 숨겨 놓은 다양한 코드들을 세심하게 찾아내야 할 것이다. 좋은 영화를 만든 감독과 배우들에게 갈채를 보낸다.🍵

발로 쓴 상량문 上梁文

　전원에 집을 지으면서 김병호 대목과 유수근 총 관리가 상량식을 해야 한다고 했다. 내겐 어릴 적 상량식의 추억 한 자락만 어렴풋이 남아있는 상태였다. 큼지막한 붓글씨들이 적힌 대들보 양 끝을 광목천으로 매어 걸어놓고 어른들이 기원 비슷한 것을 늘어놓으시던 기억이 가물가물 떠올랐다. 기독교적 입장에서 '천지신명'은 분명 잡신의 범주에 든다고 본다며 시큰둥한 반응을 내보이니, 공사 팀원들의 얼굴에 실망의 빛이 역력했다.

　주변의 어른들께 물었더니, "상량식은 인부들에게 고마움을 표하고 휴식과 보너스를 주는 기회여~!" 라는 대답이 돌아왔다. 계속되는 작업에 휴식이 있어야 사고 없이 일을 잘 마무리할 수 있다는 것이었다. 짓고 있는 집이 한옥은 아니지만, 떡과 고기를 준비하고 상량보에 상량문을 써서 간소한 의식을 갖기로 했다. 공주의 뛰어난 서예가이자 국전 초대작가 출신인 우공愚工 이일권李一權 선생에게 급히 상량문을 부탁하니 쾌락快諾했다. 트럭에 송판을 싣고 이 선생에게 달려간 유수근 사장. 순식간에 완성된 3m 길이의 상량보를 되싣고 돌아왔다. 단정하고 빼어난 우공체의 상량문이 송진 내음 그윽한 송판에 새겨진 것이다. 가슴이 뛸 정도로 멋진 예술이었다.

"龍翔鳳舞歲在庚子年三月十七日申時上梁成造丙申生運大通/應天上之三光/備人間之五福" [용이 날고 봉이 춤추도다/경자년 3월 17일 신시에 상량 성조하니 병신 생인 집주인은 운수 대통할 것이며/하늘의 삼광에 응하고/인간의 오복을 갖추리로다.]

그렇다. 이걸 천정에 붙여놓고 누울 때마다 바라보고 염원하면 말 그대로 이루어지지 않겠는가. 나 또한 어찌 '발로 쓴' 상량문 한 편 남기지 않을 수 있으랴? 다음은 백규서옥白圭書屋 상량문.

천지신명天地神明이시여!

백규白圭는 고향 땅과 부모 슬하를 떠난 십 대 중반 이래 반세기 가까이 객지를 떠돌다가 천지신명의 보살피심 덕택으로 이곳 공주시 정안면 월산리 무성산 자락에 새 터를 잡았습니다. 학문을 통해 입신보국立身輔國하겠다는 일념으로 풍파 드높은 세상에서 쉼 없이 노저어 왔으나, 학문의 바다는 끝이 없고 인생은 덧없음을 절실히 깨닫게 되었습니다. 조만간 세속에서의 학구學究생활을 마감하고 천지신명이 허락하신 나머지 반생 동안은 또 다른 성취의 꿈을 새로이 가꾸고자 합니다.

지난 수십 년 세월 은둔강학隱遁講學하며 후반생을 보낼만한 길지吉地를 찾아다니던 중 이곳 무성산 자락 높은덕골에서 가거지可居地를 발견한 것이 2012년 봄이었고, 그로부터 8년 만인 경자년 정월 하순

정초定礎를 하게 되었으며, 3월 17일 신시申時에 드디어 감격스런 상량식을 갖고 천지신명께 고유告由하게 되었습니다.

아름답고 조용한 산수山水에 새롭게 뿌리를 내리고 후반생을 살다가 이곳의 흙 속으로 스며 들어 풀과 나무들을 위한 한 줌 거름이 되고자 합니다. 새롭게 만난 이웃들과 강호의 벗들을 두루 불러 인생과 학문을 토론하며 지역사회에 선한 추억을 남기고자 합니다.

아, 무성산의 용맥龍脈이 백규서옥을 감아 들어 사뿐히 내려앉으니, 평화와 안식의 꽃비가 높은덕골 골짜기에 그득하옵니다. 새로운 시대의 대운大運이 이로부터 현현顯現될 것인즉 은사隱士의 미덕을 심고 가꾸어 좋은 결실을 이룰 수 있도록 더욱더 겸허한 자세로 노력할 것입니다.

천지신명이시여, 아무도 다치지 않고 어렵지 않은 가운데 이 공사가 수월히 끝날 수 있도록 참여한 장인匠人들에게 힘을 주시고, 백규 가족 및 동네의 모든 구성원들에게 행복의 꺼짐 없는 서광瑞光을 퍼부어 주시옵소서.

경자년 음 3월 17일
무성산 백규서옥 주인 복원伏願 🍵

송년 모임은 고향 친구들과

연말이 가까워지는 요즈음. 다양한 모임들에서 송년 행사에 대한 논의가 진행 중인 듯하다. 성미 급한 친구들이 이끄는 모임들로부터는 일정에 대한 통지가 하나둘 도착하기도 한다. 모임의 성격에 따라 다르긴 하나 한 해를 마무리하고 새해에 대한 결의를 다짐하는 점은 모두 같다. 할 수만 있다면 모든 모임에 참석하는 것이 좋다. 좀 더 많은 사람들을 거울삼아 자신의 현재 모습을 볼 수 있고, 미래 모습 또한 점칠 수 있기 때문이다. 본래 게으른 나는 그런 모임들 가운데 하나도 챙기기 어려운 게 사실이다. 올해는 어떻게 해야 할까.

1968년도에 국민학교를 졸업했으니, 끔찍이도 긴 세월 '반세기'가 넘었다. 국가적으로는 '무장공비'가 떼거지로 내려와 준동했고, 내 고향의 경우 서해안을 통해 들어온 간첩들이 사람을 죽이고 내뺀 사건도 있었다. 이런 경험들로 막바지 베이비부머인 우리들의 마음속에는 '공산주의 혐오증'이 확실히 자리 잡았다. '북괴'가 살포한 '삐라'를 다발로 주워 학교에 제출하는 것도 등하굣길에 우리가 수행하던 일과 중 하나. 매우 흉흉하던 시절이었다.

그 춥고 암울한 나날들을 보내다가 열네 살에 고향을 떠나 오십여 년째 타향살이 중이다. 그동안 먹고 사는 최소한의 문제는 해결했으나,

여전히 '행복한 국민'은 아니다. 누구의 말대로 '토착 좌익들이 정치인이나 사회운동가의 탈을 쓰고 백주대낮에 활보하고 있으니', 불안하긴 반세기 전보다 오히려 더하다. 그간 '오늘 이것을 끝내지 못하면 내일이 없다'는 듯, 바쁜 학구의 세월을 살아왔지만, 지금 생각하면 회한만 가득할 뿐 잡히는 게 없다.

그러다가 서너 해 전부터 초등학교 동무들을 만나기 시작했다. 나처럼 코를 찔찔 흘리며 핏기 없는 얼굴에 오들오들 떨며 용케도 유년기의 여울을 건넌 그들이었다. 중간에라도 만났더라면, 기름기 자르르 흐르는 그들의 '청·장년 시절'을 짐작할 수 있었을 테지만, 다 늙어 만난 우리는 모두 윤기가 바랜 얼굴들을 하고 있었다. 그들은 내 거울이니, 나 또한 그들의 거울이리라. 그래도 좋기만 하다. 지금의 모습에서 옛날 그들의 모습을 찾아내는 건 무엇과도 바꿀 수 없는 즐거움이다. 그러나 더욱 좋은 것은 우리 모두 그다지 '옛날의 어두운 추억들'을 말하려 하지 않는다는 점이다. 옛날의 추위와 배고픔은 옷이 부실했고 먹거리가 충분치 못했기 때문이다. 그 시절 누군들 풍족하게 지냈으랴만, 내 고향은 상대적으로 더했다. 내겐 그런 체험들이 '유년기의 상흔'으로 남아있고, 아마 내 친구들도 그럴 것이다. 그러나 우리는 서로 그런 상처들을 들추어 내지 않고 보듬어 주려는 '고운 심성들'을 지니고 있다.

올해도 대략 한 달 전부터 송년회 연락이 전해져 왔다. 인천이라? 가야지! 반복해서 SNS에 뜨는 집행부의 공지와 유혹의 문구들이 내

메마른 가슴을 따스하게 했다. 그러나 날짜가 닥치면서 정말로 부득이 한 사정이 생겼다. 밤잠을 설치며 고민하다가 이른 아침 '몸 대신 마음만' 가기로 했다. SNS에 불참의 댓글을 다는 내 손이 한없이 느려지기만 했다.

친구들이 보낸 유혹의 글들 가운데 '우리의 만남은 앞으로 몇 번이나 더 있을 수 있을까?'라는 협박조의 호소가 유난히 마음에 와닿았다. 나이가 이쯤 되고 보면 주변에서 들려오는 소식들 가운데 '부음'이 많은데, 그 친구는 그걸 떠올렸으리라. 그렇다. 40대까지만 해도 죽음은 나와 상관없는 일인 줄로만 알았다. 50대에 들어서며 주변에서 날아오는 부음이 늘어나기 시작했고, 50대를 '졸업'하면서는 부쩍 잦아졌다.

그러는 사이 나도 고향 친구들의 얼굴이 몹시 보고 싶어졌다. 내 거울인 친구들의 얼굴을 마주하고 깔깔 웃다 보면 마음속의 찌꺼기가 모두 씻겨 내려감을 느끼기 때문이다. 자식들이 품을 떠나고 하나씩 둘씩 가진 것들을 내려놓기 시작하는 나잇대가 바로 60대다. 60에 들어서면 재산도 명성도 학벌도 몸만 무겁게 할 뿐, 더 이상 중요치 않다. 대자연을 찾아 그간 몸과 마음에 낀 녹을 벗겨내고 1년에 한 번씩이라도 어릴 적 고향의 친구들을 만나 서로의 안부를 확인하며 그들의 얼굴에 비치는 내 모습을 확인하는 것. 그보다 더 귀하고 즐거운 일이 어디 있으랴. 올해 친구들과의 해후 기회를 놓치고 말았으니, 지루한 1년을 또 어떻게 기다린단 말인가. 친구들, 1년 동안 부디 건강히들 지내시게!!!🍰

호접몽과 황량몽 사이에서

바다로 통하는 한 곳만 빼꼼히 뚫린 곳에서 유년 시절을 보냈다. 적빈赤貧이 이른 봄 모판처럼 쫘악 깔려 있던 동네. 사방의 산들은 늘 푸른 해송으로 덮여 있었다, 산모롱이를 지나 바다 초입의 백사장으로 나가기만 하면 언제든 손톱 크기의 배 한 척이 허위허위 달려가는 수평선을 바라볼 수 있었다. 저 배는 어디로 저리도 숨차게 달려가는 것일까. 그것이 항상 궁금하면서도 알아낼 방도가 없었다. 한여름 석양은 나를 모래사장에 잠재웠고, 그 배가 시야에서 사라질 때면 으레 꿈속에 빠져들었다. 그리고 그 배가 들르는 항구를 꿈꾸곤 했다. 꿈속에서 그 항구의 사람들을 만나는 재미가 쏠쏠했다.

소년기 초입. 정말로 기적같이 배를 타고 항구도시에 닿았다. 유년 시절 꿈속에서 보던 항구 사람들을 만났다. 기름이 흐르는 항구 사람들의 말. 말이 다르니 꿈도 다른 그들이었다. 내 꿈이 꺼끌꺼끌한 흙덩이였다면, 그들의 꿈은 얄밉도록 매끄러운 보석이었다. 불평등이 내가 만난 세상의 본질이었다. 배고픔과 소외감으로 내 꿈은 보잘것없이 쪼그라들기 시작했다. 꿈이 사라질까 전전긍긍하며 잠들지 못하던 작은 소년 하나가 언제부턴가 나의 내면에 화석처럼 자리 잡았다. 그 때문이었을까. 지방의 소읍小邑에서 가까스로 합류한 대학 시절도 행복하지 못했다.

청년기 초입. 처음으로 부임한 고등학교에서 제자들을 만났다. 그들 가운데도 쪼그라든 꿈이 사라질까 안절부절못하던 그 시절의 내가 들어 있었다. 조마조마 그를 지켜볼 뿐, 나는 손을 뻗어주지 못했다. 내게 정신적 여유가 없기 때문이었다. 채 365일을 버티지 못하고 새로운 꿈을 찾아 교단을 떠났다. 세상의 매정함을 배운 탓일까. 내 마음의 추억 노트에서 그 녀석도 쉽게 지울 수 있었다.

어렵게 재개한 공부의 시대. 내면에 자리 잡은 빛바랜 꿈들을 밀어 내고 그 빈자리에 현실을 하나둘 들어앉히기 시작했다. 꿈과 현실의 자리바꿈이 시작되면서 현실과 꿈을 혼동하기 시작했다. 20대 중반 어느 즈음이던가. 가르치던 진해만의 사관생도들 가운데도 '사라지는 꿈 때문에 안절부절못하던' 그 시절의 내가 들어 있었다. 눈을 질끈 감았다. 나는 타임머신을 타고 과거세의 한복판에 불시착한 시간 여행자에 불과했다. 불시착한 지점에서 허망하게 커밍아웃할 순 없었다. 그를 위한 해결의 열쇠를 쥐고 있었지만, 미래세에서 온 시간 여행자임을 밝히는 순간 나는 끝장일 것이고, 시간의 원리 또한 헝클어질 것이기 때문에 입도 뻥긋할 수 없었다. 꿈을 현실로 바꾸고 현실과 꿈을 혼동하는 세월은 반복의 원리를 되뇌면서 그렇게 흘러가고만 있었다.

길 잃은 시간 여행자가 불시착한 새로운 공간, 대학은 꿈과 현실이 착종錯綜된 카오스였다. 이곳은 몇 세기의 어느 별일까. 사라지는 꿈

때문에 안절부절못하던 그 시절의 무수한 '나들'이 숨 쉬는 곳. 시간여행의 꿈을 접고 타임머신의 날개를 꺾어버린 채 피곤한 몸과 마음을 쉬기로 한 것은 여기에 '그 시절의 내가 너무 많기 때문'이었다. 가끔 땅바닥에 나뒹구는 날개의 파편들을 이어 붙여 보기도 했지만, 타임머신은 부활하지 않았다. 매일 '그 시절의 나'와 같은 '나들'을 만나며, 시간여행의 유혹을 물리쳐 온 것은 그들을 통해 비로소 꿈과 현실을 구분하게 되었기 때문이다. 어린 시절 항구의 사람들을 만난 꿈속의 나는 누구이고, 함께 나이 들어가는 제자들을 바라보는 현실의 나는 누구인가. 함께 숨 쉬며 교유하는 저 학인學人들은 바장대며 꿈을 태워 가던 그 시절의 내가 아니던가. 함께 숨 쉬며 교유하던 선배들은 누구이며, 모두 어디로 가셨는가. 그들이 나이고, 나 또한 그들 아닌가. '태어나 살아가다 죽는' 원리는 하나가 아닌가. 타임머신을 타고 가다 불시착한 뒤 오랜 시간 머물며 바라보아온 '그 시절의 나들'을 기억한다. 지금 나를 둘러싸고 있는 저 반짝이는 학인들은 어쩌면 '그 시절의 나'가 아닌가. 과연 내가 저들인가, 저들이 나인가?

정년의 종착역으로 달려가면서 카운트다운을 시작한 건 대략 10여 년 전부터. 가끔 내 시계가 고장 나면 처음부터 다시 헤아리기를 무수히 반복했다. 그 와중에도 대학의 시계는 전혀 고장 없이 재깍재깍 잘만 돌아갔다. 어영부영 마지막 학기를 맞았고, 순식간에 '마지막 수업 날'이 닥쳤다. 별처럼 빛나는 젊은이들과 함께 좌절과 환희의 도가니를 냉탕과 온탕처럼 넘나들며 나를 담금질했다. 그들이 내 학생인지 아니면 내 '선생'인지, 내가 그들의 '학생'인지 아니면 그들의 선생인지 분간 못하는 시간대가 길었다. 그러다가 어느 순간부터 나는 학생들 혹은 제자들을 내 '선생'으로 확신하게 되었다. 그간 그들에게 가르친 것보다 그들로부터 배운 게 더 많았기 때문이다. 어찌 제자들뿐이랴! 내로라하는 강호의 학인들이 벗으로 다가와 제자들과 함께 이 공동체의 몸피를 키우지 않았던가. 꿈같이 흘러갔지만, 그들과 학문을 담론하며 지내온 것 또한 크나큰 행복이었다. 소중한 시간들은 행복감 속에 발효되고, 그 향내에 마취된 나는 세상의 험난함에도 지긋이 눈감을 수 있었다.

덧없는 희로애락의 일생을 정신없이 보낸 뒤 문득 잠을 깨보니, 두어 시간 전에 안쳐둔 좁쌀밥이 이제 겨우 솥뚜껑을 달카당거리며 익고 있었다. 그저 '한나절의 꿈'이었다. 내게 남아있는 반나절. 나는 과연 작은 가슴을 가득 채운 이 회한과 추억의 온기를 어떻게 다독여 나갈 수 있을 것인가.🍵

/ 지은이 소개 /

조규익

충남 태안 출생. 공주사범대학(학사)·연세대학교(석사/박사). 해군사관학교·경남대·숭실대의 교수 역임. 현재 숭실대 명예교수, PEN 회원. 숭실 재직 시 인문대학장과 한국문학과예술연구소 소장을 역임했고, 베스트 펠로우 교수(Best SFP/2010-2012) 및 아너 펠로우 교수(Honor SFP/2012-2022)로 선정되어 연구 지원을 받았으며, 한국시조학술상·성산학술상·도남국문학상·황조근정훈장 등을 받았음. 현재 공주 정안 에코팜에 거주하며 (사)한국문학과예술연구소를 이끌고 있음. 1998년 LG 연암재단 해외연구교수로 미국 UCLA에서 1년, 2013년 풀브라이트 학자(Fulbright Scholar)로 미국 오클라호마 주립대학에서 반년 동안 연구를 진행했고, 6개월(2005.9.-2006.2.)간 자동차로 유럽 20여 나라의 문화와 역사 자취들을 답사했음. 1990년대 초부터 우연히 만난 중국 조선족 문학, 재미 한인문학, 구소련 고려인 문학 등을 통하여 한국문학 전반에 대한 통찰적 시각을 얻었음. 『해외 한인문학의 한 독법』(2023), 『한·중·일 악장의 비교 연구』(2022) 등 저·편·역서 다수, 「'동동' 텍스트의 본질」·「현실과 이상, 그 미학적 화해의 도정-고려인 극작가 한진의 문학세계」 등 논문 다수, 「조선조 사행록 텍스트의 본질」·「Ecological Meaning of the Capital-Feng Shui Represented in Songs of Joseon Dynasty」 등 다수의 국내·외 학술 발표 실적이 있음.

백규 조규익 수필집

오동나무와의 약속

2025. 12. 1. 1판 1쇄 인쇄
2025. 12. 10. 1판 1쇄 발행

지은이 조규익
발행인 김미화 발행처 인터북스
주소 경기도 고양시 덕양구 통일로 140 삼송테크노밸리 A동 B224
전화 02.356.9903 팩스 02.6959.8234 이메일 interbooks@naver.com
홈페이지 hakgobang.co.kr 출판등록 제2008-000040호
ISBN 979-11-24201-00-8 03800 정가 19,000원

■ 파본은 교환해 드립니다.